for Juna & Yong Suk

한입심리학이 _ 삶에 서툰 _ 보통의 어른들에게

못난 게 아니라, 조금 서툰 겁니다

초판 1쇄 찍음 2021년 3월 15일
초판 2쇄 펴냄 2021년 10월 5일

지은이 조지선

펴낸이 안동권
펴낸곳 책으로여는세상

출판등록 제2012-000002호
주소 (우)12572 경기도 양평군 강상면 강상로 476-41
전화 070-4222-9917 | **팩스** 0505-917-9917 | **E-mail** dkahn21@daum.net

ISBN 978-89-93834-53-6 03180

책으로여는세상
좋·은·책·이·좋·은·세·상·을·열·어·갑·니·다

한입심리학이 _ 삶에 서툰 _ 보통의 어른들에게

못난 게 아니라, 조금 서툰 겁니다

조지선 지음

책으로여는세상

심리학이 나에게 준 것은 무엇일까

이 책은 여러분께 무엇을 드릴 수 있을까요? 심리학을 배우면 내가 달라질까요?

"사회학과 교수들은 사회성이 부족하고, 커뮤니케이션학과 교수들은 서로 소통할 줄 모르며, 심리학과 교수들은 마음에 상처 받은 사람들이다."

이런 우스갯소리가 한때 대학가에 떠돈 적이 있습니다. 지식이 성향을 바꿀 수 없음을 꼬집는 냉소적 농담에 공감하는 바가 없는 것은 아닙니다. 배운다고 사람이 크게 달라지는 것은 아니니까요. 심리학을 공부하는 사람들끼리 이런 말을 주고받기도 합니다.

"성격심리학을 안다고 해도 성격이 달라지지 않고, 행복심리학을 공부해도 더 행복해지지 않으며, 사회심리학을 연구한다고 사회생활을 더 잘하는 것도 아니다."

하지만 크게 달라지지 않는 것이 사실인 만큼 조금씩 달라지는 것도 사실입니다. 배울수록 내 마음에 전에 없던 여유 공간이 생깁니다.

이 책을 여러분께 권하기 전에 '심리학이 나에게 무엇을 주었는지' 생각해 보았습니다. 제가 심리학에 빠져든 이유는 한 가지입니다. 내 이야기처럼 느껴졌기 때문입니다. 나이 먹고 어른이 되어서도 여전히 서툰 나를 심리학이 다독여 주었습니다. 눈으로 볼 수도, 만질 수도 없는 마음의 작동 원리가 희미하게나마 모습을 드러내는 '아하!'의 순간, 저는 이런 감정을 경험했습니다.

"나만 그런 게 아니었어."
나에 대해서 품었던 오해가 해소될 때 맛보는 안도감.

"그래, 누구든 그럴 수 있어."
마음을 누르고 있던 섭섭함에서 벗어나는 해방감.

"앞으로 이렇게 하면 되겠구나."
작은 희망을 보았을 때 느끼는 기대감.

그래서 제게 심리학은 다정한 학문인 동시에 강렬한 학문입니다. 이 통찰을 여러분과 공유하고 싶습니다. 심리학이 제게 준 것은 알면 이해할 수 있고, 이해할 수 있을 때 더 자유로워진다는 믿음입니다.

이 책에 담긴 이야기들은 제가 운영하는 유튜브 채널「한입심리학」영상들의 내용을 보강한 것입니다. 1)마음을 위로하고 2)행복을 기원하고 3)소통을 돕고 4)성공을 촉진하고 5)습관을 독려하는 다섯 가지 핵심 주제에 34개의 간결한 글들을 담았습니다. 우리 모두, 단지 서툰 것뿐인데 못난 것으로 착각하고 힘들어할 때가 있지요. 그럴 때 한입씩 먹는 심리학 지식이 지친 마음에 영양분을 공급해 줄 것입니다. 계피 향 가득한 케이크처럼, 진하고 그윽한 커피 한잔처럼 여러분의 마음에 생기를 더해 줄 것이라고 기대합니다.

여러분 곁에서 제가 조곤조곤 마음의 이야기를 들려 드리는 모습을 상상하면서 이 글을 써 내려갔습니다. 심리학이 건네는 나지막한 메시지들이 때로는 여유롭고 평화롭게, 포근하고 다정하게, 혹은 후련하고 개운하게 여러분의 귓가에 전달되면 좋겠습니다.

여러분을 응원합니다.

1장

서툴고 여린 나를 응원해 주는 위로 심리학 한입

2장

평범한 일상을 빛나게 해 줄 행복 심리학 한입

3장

서로를 이해하는 연습이 필요할 때
공감 심리학 한입

4장

시간 관리의 기본기를 잡아 주는 성공 심리학 한입

5장

더 이상 미루지 않는 나를 위한 습관 심리학 한입

1장

서툴고 여린 나를 응원해 주는

위로 심리학 한입

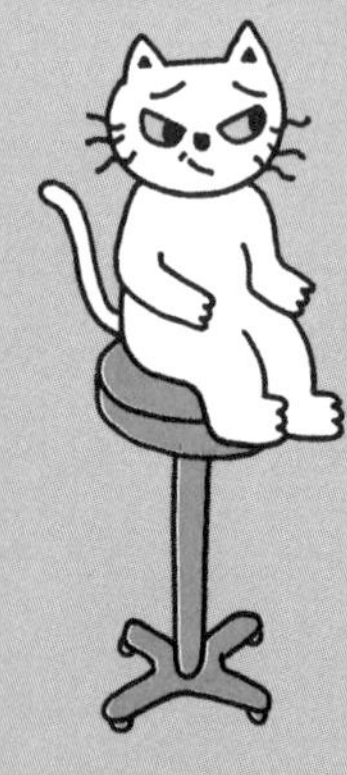

나는 왜 부정적인 말에 이토록 예민할까?

-부정편향 벗어나기

누구에게나 기억 속에 생생하게 살아 있는 '이불킥'의 순간들이 있습니다. 오랜 세월이 흘렀는데도 그 일만 생각하면 눈을 질끈 감게 됩니다. 제게도 그런 사건들이 제법 있는데 그중 하나만 이야기해 볼까요?

대학생 시절, 저는 서울의 어느 중학교에서 한 달 동안 교생 실습을 했습니다. 마침 제가 담당했던 2학년 학생들의 수학여행이 계획되어 있었습니다. "차 안에서 먹을 간식을 아이들에게 선물로 주면 어떨까?" 스스로를 기특해하며 무지개색 '스키틀즈Skittles' 캔디를 미리 준비해 두었습니다. 당시만 해도 스키틀즈는 흔한 간식이 아니었습니다.

여행 당일, 고속버스를 타기 위해 학교 운동장에 줄 서 있던 아이들의 손에 캔디를 하나씩 쥐여 주었습니다. 수줍게 꾸벅, 고맙다는 인사를 건네는 아이부터 하나 더 달라는 아이까지, 다들 좋아했어요. 이번에 점수 좀 땄다는 생각에 내심 뿌듯했던 순간, 상황이 급반전했습니다. 한 학생이 선물을 거절하며 낮은 목소리로 말했어요.

"선생님, 우리나라 사탕도 맛있어요."

순간 제 가슴이 10미터쯤 아래로 떨어졌던 것 같아요. 학생들을 태운 버스가 학교를 다 빠져나가도록 벌겋게 달아오른 얼굴이 가라앉지 않았습니다.

'아, 이게 아닌데…. 국산 사탕을 사야 했나? 생각이 짧았어.'

어찌 보면 아무 일도 아닌 이 사건이 오늘도 제 기억에 있습니다. 생글거리던 40명의 웃는 얼굴은 흔적이 없고 제 손을 당황하게 만든 무표정한 얼굴만 남았습니다.

부정적인 사건은 왜 가슴에 꽂히는 것일까요? 연륜이 쌓이면 달라질까요? 나이 지긋한 어른들의 사정도 크게 다르지 않습니다. 어느 목사님이 이렇게 고백하시는 것을 들었습니다. 설교를 마치고 예배당을 나오는데 뒤에서 한 성도가 중얼거렸답니다.

“오늘 설교, 그게 뭔 말이야?”

대부분이 설교 시간에 집단 목운동을 하듯 고개를 끄덕이고 일부는 눈물도 흘렸지만 소용없었습니다. 1주일 내내 목사님의 귀에는 누가 녹음기라도 틀어 놓은 듯 ‘그게 뭔 말이야?’ 이 소리만 반복해서 들렸습니다.

명망 있는 어떤 교수님도 비슷한 속사정을 이야기합니다. 급성 대상포진으로 갑자기 입원하게 되었습니다. 조교를 통해 80명의 학생들에게 상황을 설명했고, 빼먹은 수업은 보강했습니다. 그런데 학기를 마치고 학생들의 강의 평가를 읽던 교수님은 배신감에 기절 직전까지 갔습니다. 한 학생이 이런 글을 썼거든요.

'입원하려면 미리 알려 주든지, 계획 없이 수업을 취소하다니 무책임하다.'

급성인데 미리 알리라고??? 물론 79명의 학생들이 '교수님 아프지 마세요', '감사했어요' 라고 외쳤습니다. 하지만 단 한 줄의 황당한 진술만 열 배나 더 큰 폰트로 교수님의 가슴에 깊이 꽂혔습니다.

왜 이러는 걸까요? 그 한마디가 뭐라고! 머리로는 이해하는데 이상하게 뒷골이 땅깁니다. 온통 신경이 그 한마디를 향해 뻗어 나가는 것 같아요. 응원하는 사람들이 몇 배나 더 많다는 것을 알면서도 말이지요. 왜 우리는 부정적인 신호에 이렇게 아파할까요?

Bad is stronger than good.

나쁜 것은 좋은 것보다 강하다.

사회심리학자 로이 바우마이스터Roy Baumeister에 따르면 부정적인 정보는 긍정적인 정보를 압도합니다. 위에 언급한 사례

대박 멋져!
완전 러블리
동안 등극!
잘 잘랐다
별로.. 긴 머리가 낫다
잘 어울려
뷰티풀
상큼한데?
머리 자른 기념으로 SNS에 셀카 올려야지
별로.. 긴머리가 낫다
별로.. 긴 머리가 낫다
별로.. 긴머리가 낫다
별로.. 긴 머리가 낫다
별로.. 긴머리가 낫다
별로.. 긴머리가 낫다
머리 괜히 잘랐나?
다들 이쁘다고 하더만…

는 그래도 의미 있는 관계들입니다. 때로는 내 삶에 요만큼의 의미도 없는 사람의 입에서 나온 더 의미 없는 비난도 내 존재를 통째로 흔들 수 있는 위력을 가지고 있습니다.

나쁜 말은 좋은 말보다 더 기억에 남고, 비난이 유발하는 분노와 슬픔은 칭찬이 주는 기쁨보다 훨씬 큽니다. 이 현상을 '부정편향negativity bias'이라고 합니다. 이 편향은 기억과 정서, 사회적 관계, 의사결정과 도덕적 판단 등 다양한 영역을 지배합니다.

심리학자 존 가트맨John Gottman의 조언에 따르면, 부부가 주고받는 말과 행동에서 긍정적인 것과 부정적인 것의 비율을 최소 5대 1로 유지하는 것이 중요하다고 합니다. 그래야 좋은 관계를 유지할 수 있습니다. 한 번 미운 짓 하면 적어도 다섯 번은 예쁜 짓을 해야 한다는 것입니다.

우리가 다른 사람을 판단할 때도 부정편향이 작동해요. 타인에 대한 인상은 그가 한 최악의 잘못으로 결정됩니다. 어떤 사람이 열 가지 착한 일을 해도 한 번 누굴 속이거나 뭔가를 훔치면 우리는 그가 나쁜 사람이라고 생각합니다. 하나의 부정적인 정보가 인상을 결정해 버리는 것입니다. 심리학 용어로 말하면, 악행은 '범주 진단가category diagnosticity'가 높습니다. 어떤 사람이 '좋은 분'과 '나쁜 놈'의 두 범주 중 어느 쪽인지 진단할 때 못된 행동이 더 유용하다는 뜻입니다.

다음 두 문장을 비교해 볼까요? 심리학자 벤자민 힐빅Benjamin Hilbig이 실험에서 사용한 표현입니다.

> "10년 안에, 결혼한 커플 중 20%가 이혼한다."(부정 프레임)
>
> "결혼한 커플 중 80%가 10년 이상 같이 산다."(긍정 프레임)

결국 같은 말이니 사람들에게 '이 말이 사실일까요?'라고 물으면 비슷한 대답이 나와야 합니다. 그러나 긍정 프레임으로 질문할 때보다 부정 프레임으로 질문할 때, 더 많은 사람들이 '이 말은 진실'이라고 대답합니다. 나쁜 소식이 좋은 소식보다 더 빨리 퍼지는 이유입니다. MIT 대학 연구에 따르면 트위터에서 가짜 뉴스는 진짜 뉴스보다 70% 더 많이 리트위트 되고 6배나 빠르게 퍼집니다.

우리는 왜 이렇게 부정적인 정보에 민감할까요? 그 이유는 그래야 생존 가능성이 높아지기 때문입니다. 맹수나 폭풍우,

절벽 등의 위험은 순식간에 찾아옵니다. 살아남으려면 부정적인 신호에 재빠르게 반응해야 해요. 주의를 집중해야 가능한 행동입니다. 우리 조상들은 이를 온몸으로 배웠습니다. 보상 신호를 놓쳤을 때 불이익은 대부분 치명적이지 않습니다. 맛있는 음식을 먹거나 멋진 데이트를 할 수 있는 기회를 놓치면 아쉽지만 그뿐입니다. 그러나 위험 신호를 무시하면 다양한 어려움에 처하게 되고 최악의 경우 죽음을 맞이할 수도 있습니다.

결국 부정편향은 생존을 돕는 적응적 메커니즘인 셈입니다. 이야기의 핵심은 이것입니다. 부정편향이 우리를 도와줄 때는 언제일까요? 바로 행동이 필요할 시점입니다. 부정편향은 위험을 제거하고 소원해진 관계를 회복하고 약점을 개선할 수 있는 기회를 제공합니다.

"혈액검사 결과, 염증 수치가 정상 범위를 벗어났어요. 몸 관리 하셔야 해요. 이러다 큰일 납니다."

의사가 이렇게 경고하면 귀를 쫑긋 세우고 열심히 듣게 돼요. 좋은 음식을 먹고 운동해서 더 건강하게 살도록 부정적인 신호에 집중하는 것입니다.

거꾸로 말하면 행동 변화가 필요하지 않은 상황에서 부정적인 신호에 예민한 것은 그저 쓸데없는 생고생입니다. 부정편향이라는 적응기제의 역습에 속수무책 당하고 있는 상태인 거죠. 이제부터 부정적인 생각으로 빠져드는 순간에 이렇게 질문해 보면 어떨까요?

'나에게 행동 변화가 필요한 상황인가? 아니면 단지 부정편향인가?'

만약 변화가 필요하다면 그에 따른 노력을 기울여야 할 것입니다. 하지만 행동이 불필요하거나 불가능한 상황이라면? 괜히 생고생하지 말고 부정적인 생각으로부터 멀어져야 합니다.

이때 '생각하지 말아야지, 생각 안 할 거야!' 이런 식으로 부정적인 생각을 억제하는 건 별 소용이 없습니다. 다른 행동으로 대체하는 것이 중요합니다. 예를 들어, 짧은 코미디 영상을 보거나 기분이 좋아지는 음악을 듣는 것도 좋아요. 그게 뭐든 집중할 만한 다른 일을 찾으면 됩니다(이 부분은 2장 글 〈하기 싫은 생각을 멈추는 방법〉에서 더 자세히 알아보도록 하겠습니다).

더불어, 긍정적인 사건이 발생했을 땐 스스로에게 이렇게 이야기해 보세요.

“잠시 이 순간을 즐겨 볼까?”

‘세이버링savoring’, 즉 기분 좋은 일을 음미하는 것입니다. 심리학자 프레드 브라이언트Fred Bryant가 제안한 행복 증진 기법입니다. 그는 ‘세이버링’을 ‘삶의 긍정적인 모습들을 알아채고 고마워하며 감상하는 것’이라고 정의했습니다. 아름다운 풍경이 눈앞에 펼쳐지면 천천히 한 번 더 둘러보면서 물소리와 선선한 바람에 마음을 담가보는 거예요.

사랑하는 사람들과 함께 했던 추억을 일부러 떠올려 보세요. 달콤한 칭찬이 생각나면 자기도 모르게 빙긋 웃게 되죠. 그 말을 한 번 더 되뇌면서 충만한 그 느낌에 머물러 보세요. 저는 요즘 진한 플랫화이트 한잔을 마시기 전에 향기를 깊게 들이마셔요. 커피 향이 마음에 새겨지면 맛도 두 배가 됩니다.

혹시 중요하지도 않은 부정적인 일을
가슴에 담아두는 습관을 가지고 있나요?
기분 나쁜 일이 있을 때는 이 질문을 합시다.

'내가 뭘 바꿔야 할까? 단지 부정편향일 뿐일까?'

만약 할 수 있는 일이 없다면
부정적인 생각을 신속하게 삭제하고
집중할 수 있는 다른 일을 찾아보세요.

그리고 기분 좋은 일이 있을 때는
그 순간을 놓치지 마세요.
오감과 생각을 동원해 행복한 순간을 마음껏 음미해 보세요.

여러분을 응원합니다!

다른 사람 때문에 마음 아픈 나는 건강한 사람

-마음의 고통 달리 바라보기

누군가의 말 한마디에 상처받는 나. 찌질하다고 자책하시나요? 마음의 통증을 느끼는 능력은 신이 내게 준 선물입니다.

드라마 「의사 요한」에서 지성 배우가 연기한 의사 차요한. 그에겐 심각한 유전 질환이 있습니다. '선천성 무통각증congenital insensitivity to pain' 입니다. 신체적 고통을 못 느끼는 병이에요. 얼핏 '안 아프니까 좋겠다' 라고 생각할 수 있지만 무서운 질병입니다.

이 질환을 갖고 태어나는 아이들은 안타깝게도 어린 나이에 사망하곤 하는데, 잘 다치기도 하고 상처를 돌보지도 않아서 감염에 취약하기 때문입니다. 고통은 가혹한 것이지만 고통을 느끼지 못하는 상태는 더 비참합니다.

생존하려면 위험을 알아차려야 하는데, 가장 간단한 방법이 고통을 느끼는 것입니다. 다치면 아파할 줄 알아야 합니다. '너 다쳤어, 빨리 병원에 가 봐' 이렇게 말해주는 통증은 고마운 신호죠. 고통을 느끼는 능력은 내 생명을 연장해 주는 가장 근본적인 생존 메커니즘입니다.

신체적 고통을 처리하는 뇌 기관은 어디일까요? 예를 들어 다리가 부러지면 통증을 느끼는데, 우리 뇌의 '배측 전대상피질dorsal Anterior Cingulate Cortex'이란 기관이 반응하기 때문에 가능한 일입니다. 이 긴 영어 이름을 줄여 dACC라고 부릅니다.

그런데 다른 종류의 고통도 있습니다. 마음이 아픈 사회적 고통입니다. 누가 내 의견에 사사건건 어깃장을 놓거나 무시하면 마음 밑바닥이 쓰려 옵니다. 이 사회적 고통은 어떤 뇌 기관에서 처리할까요?

UCLA 심리학자 나오미 아이젠버거Naomi Eisenberger와 매튜 리버맨Matthew Lieberman 부부가 이 주제를 연구했습니다. 뇌 활동을 보는 fMRI 즉, 기능적 자기공명영상functional Magnetic Resonance Imaging 기계에 사람들을 넣고, 무엇을 하든지 간에 결국 왕따가 되도록 설정된 게임을 하도록 시켰습니다.

이때 소외감을 느낀 사람들 뇌에서 무슨 일이 일어났을까요? 바로 dACC가 불을 켰습니다. 신체적 고통을 담당하는 이 부위가 사회적 고통도 처리하고 있었어요. dACC는 마음 아픈 것과 몸 아픈 것에 모두 관여합니다. 물론 뇌 관점에서 보았을 때, 마음의 고통과 몸의 고통이 모든 측면에서 동일하다고 말할 순 없습니다. 그러나 두 종류의 고통은 생각보다 더 밀접하게 연결되어 있어요.

사회적 고통과 신체적 고통을 동일한 신경체계가 처리하고 있다는 다른 증거는 널리 알려진 '타이레놀 연구'에서도 확인할 수 있습니다. 두통이 있으면 타이레놀을 먹는데 이 약이 하는 일이 바로 dACC에 난 불을 끄는 것입니다. 그렇다면 마음 아플 때 타이레놀 먹으면 덜 아플까요?

네이슨 디월Nathan DeWall 연구팀이 이것을 알아보았습니다.

21일 동안 사람들에게 타이레놀(아침 저녁으로 500mg 한 알씩) 혹은 가짜 약을 복용하도록 하고 마음의 고통에 변화가 있는지 살펴보았습니다. 처음엔 두 집단이 비슷한 양상을 보이다가 9일차부터는 유의미한 차이가 나기 시작했습니다. 가짜 약을 먹은 사람들이 시종일관 동일한 수준으로 마음의 고통을 느낀 것에 반해 진짜 약을 먹은 사람들은 점차 마음의 고통을 덜 느꼈습니다.

다쳤는데 고통을 못 느끼면 병원에 가지 않습니다. 위태로운 상태입니다. 혼자 고립되었는데 외로움이나 소외감을 전혀 느끼지 못하면 계속 혼자 있게 됩니다. 이 역시 위험한 일이죠. 원시 밀림 사회에서 사회적 고립은 곧 죽음을 의미했습니다. 혼자 살아가기 정말 힘든 세상이었거든요. 그건 지금도 마찬가지입니다. 사회적 고통을 느끼는 능력 덕분에 우리는 다른 사람과 어울려서 살 수 있습니다.

마음의 고통을 느끼는 능력은 그 중요성 측면에서 몸의 고통을 느끼는 능력과 동급입니다. 가장 근본적인 생존 메커니즘이지요. 얼마나 중요하면 dACC께서 직접 납시어 처리하시겠습니까. 「총 맞은 것처럼」이란 노래가 있습니다. 연인에게 버림받았을 때, 정말 총 맞은 것처럼 아플까요? 확실한 것은 총을 맞았을 때도, 연인에게 버림받았을 때도 dACC가 반응한다는 사실입니다. 그리고 총 맞았을 때도, 연인에게 버림받았을 때도 '아파할 줄 알아야' 건강한 사람입니다.

"내게 별로 중요한 사람도 아닌데 왜 자꾸 그의 눈치를 보게 되는 것일까? 한심해."

"그 사람이 날 무시하든 말든 신경 끄고 싶은데, 제대로 속상하네."

"배신감에 화가 나는데 분노하는 내 모습에 더 화가 나."

마음 아픈 일이 있었나요? 속상하셨지요? 이럴 때, '나 너무 찌질하다', '너무 없어 보인다' 이렇게 생각하지 마세요. 당신은 마음의 고통을 느낄 수 있는 능력을 가지고 있는 것입니다. 그럴 땐 이렇게 말해보면 어떨까요?

"아이고, 이 강력한 생존 능력! 지나치게 건강하네. 생존도 좋지만 오버하지는 말자!"

속닥
속닥
수군
수군

재네가 하는 말이
왜 이렇게
신경 쓰이지?
너 재네랑 별로
안 친하잖아?
하아.. 이놈의
강인한 생존능력..
근데 너무 오버하진
말자고!

이 소중한 보호 기제가 잘 작동하고 있다는 사실에 고마워하면서도 '오버' 하지 않도록 자신을 다독여 주세요. 사회적 고통이 생존 메커니즘이라는 것을 이해하면 마음이 덜 아플까요? 아마 아픈 건 그대로일 거예요. 하지만 틀어진 관계에 상처받는 나를 비난하지 않아도 된다는 사실은 알게 됩니다. 마음의 고통을 달리 바라보면 마음이 조금 편해질지도 모르겠습니다.

여러분을 응원합니다!

오늘의 생각 포인트

- 고통은 고마운 생존 메커니즘
- 신체적 고통 = 몸을 잘 돌보라는 신호
- 사회적 고통 = 사회적 관계를 잘 돌보라는 신호

- 다른 사람 때문에 마음 아픈 나 = 지극히 건강한 사람!
- 마음 아플 때 필요한 혼잣말 = "땡큐, 생존 메커니즘! 근데 적당히 하자!"

프레너미Frenemy 구별법
-곁에 남겨 두어야 할 진정한 친구는 누구인가?

나는 내 친구를 선택한 것일까?

아니면 그냥 우연히 그렇게 된 것일까?

내 곁에 남겨 둬야 할 진정한 친구는 누구일까?

가끔은 이런 질문을 해 볼 만합니다. 여러분의 건강과 행복이 친구 관계에 따라 크게 달라지니까요. 혹시 친구들 중에 여러분을 불행하게 만드는 사람이 있는지요? 친구는 적극적 선택 과정을 통해 향기로운 인연을 이어가는 사람이어야 합니다.

우리는 누구와 친구가 될까요? 가까운 거리에 있는 사람들입니다. 이는 연구를 통해서도 밝혀진 바입니다. 근접성과 우정의 관계에 대한 아주 유명한 고전 연구 하나를 소개합니다.

심리학자 레온 페스팅어Leon Festinger는 MIT 대학의 기숙사 건물에 사는 결혼한 학생 커플들이 서로 얼마나 친한지 살펴보았습니다. 그 결과, 옆집에 사는 사람과 친할 가능성이 복도 반대쪽 끝에 사는 사람과 친할 가능성보다 네 배가 더 높았습니다. 물리적으로 가까울수록 심리적으로도 가까울 가능성이 훨씬 높다는 것을 알 수 있습니다.

복도 저 끝에 마음을 나눌 수 있는 사람이 있을지도 모르는데, 우연히 옆에 있는 이와 친구가 됩니다. 우리는 친구 관계가 개인의 선호와 선택에 의해 결정된다고 믿지만, 환경적 요인에 의해 '그냥 그렇게 된 것' 이거나 '이왕 그렇게 되었으니 그대로 두는 것' 일 가능성이 높습니다.

사회학자 제랄드 몰렌호스트Gerald Mollenhorst의 연구에서도 환경의 영향을 다시 확인할 수 있습니다. 18세에서 65세 사이의 1007명을 대상으로 시간이 지남에 따라 친구 네트워크에 어떤 변화가 있었는지 알아보았어요. 그 결과, 7년 후 시점에도 남아 있는 사람들은 48%에 불과했습니다. 절반 정도가 물갈이 된 것인데 이를 결정하는 요인은 '접촉의 기회' 였습니다.

가까이에 있기 때문에, 혹은 오래 알고 지냈기 때문에 '친구' 라는 이름을 붙여준 이들 중에 여러분을 힘들게 만드는 사람이 있나요? 이런 사람들을 프레너미frenemy라고 부릅니다.

〔프레너미〕 친구인 척하지만 실은 적에 가까운 사람. 관계를 유지하는 것이 유리하기 때문에 나와 친구로 지내지만 속으로 나를 응원하지 않는 사람.

「부부의 세계」라는 드라마에서 주인공 '지선우' 의 친구로 나왔던 의사 '설명숙' 을 떠올리면 됩니다. 그는 진정한 친구가 아닙니다. 그렇다고 명백한 적도 아닙니다. 이 두 지점 사이 어디쯤에 있으면서 마음을 어지럽히는 사람이죠.

심리학자 줄리안 홀트-런스타드Julianne Holt-Lunstad는 이 관계를 양가적 관계ambivalent relationships라고 부릅니다. '잘못된 우정이 내 마음을 아프게 한다' 는 말은 문자 그대로 사실입니다.

홀트-런스타드 연구팀의 보고에 따르면 프레너미는 여러분의 심장 기능을 손상시킵니다.

프레너미와 함께 있을 때, 예를 들어 '지선우'가 '설명숙'과 함께 있을 땐 혈압과 심장 박동이 상승합니다. 더불어 호흡 동성 부정맥RSA: Respiratory Sinus Arrhythmia 지수가 낮아집니다. RSA는 숨을 들이마실 때 심박수가 증가하고, 내쉴 때 심박수가 감소하는 정상적인 부정맥 현상인데, 이 점수가 낮다는 것은 스트레스에 취약한 상태를 의미합니다. 프레너미와 함께 할 땐 정서적으로 불안정한 상태가 되는데, 이를 생리학적 지표를 통해 확인한 것이죠. 흥미롭게도 실제 상호작용 없이, 프레너미를 떠올릴 수 있는 자극을 슬쩍 제시하기만 해도 같은 반응이 일어납니다.

더 놀라운 사실은 나를 괴롭히는 직장 동료나 못된 상사와 같이 혐오하는 사람을 상대할 때보다 프레너미와 상호작용을 할 때 더 큰 스트레스 반응이 일어난다는 점입니다. 적의 비난은 그래도 무시할 수 있습니다. 나에게 의미 없는 존재들이니까요. 정서적으로 연결되어 있는 프레너미가 더 큰 타격을 줄 수 있습니다.

이 친구랑
있으면 왜 이렇게
힘들지?

나니까 이런 말도
해주는거야. 이런 친구 없다!
RG?
어... 그래...
알지..!
관계의 끈
친구는 무슨
개소리 하네!

프레너미가 가지고 있는 세 가지 특징은 다음과 같습니다.

〔공감과 지지 결핍〕 그는 나를 응원하지 않습니다.

〔상호성의 결여〕 나는 그에게 주고, 그는 나에게 받아 갑니다.

〔성장 방해〕 그는 나의 성장을 방해합니다.

첫 번째 기준은 '친구는 나를 지지하고 공감을 표현하는가?' 입니다. 심리학자 조던 피터슨Jordan Peterson의 조언을 살펴볼까요? 우선 나에게 나쁜 일이 생겼을 때 그 친구의 반응을 눈여겨보세요. 내가 얼마나 멍청한 짓을 했는지, 단점에 대해서 장황하게 이야기합니다. 혹은 자기에게는 더 끔찍한 일이 있었다며 본인 이야기로 대화의 주제를 바꾸기도 하죠.

진짜 친구는 이야기를 들어주고, 또 들어주고, 함께 아파합니다. 그 사람이 나의 일로 슬퍼하는지 보세요. 잘 모르겠다면 이 질문을 스스로에게 해 보세요. '나는 슬플 때 어떻게 행동하지?'

또 나에게 좋은 일이 있을 때 그 친구의 반응도 눈여겨보세요. 어떤 친구는 내가 행복한 순간을 길게 즐기도록 내버려두지 않습니다. 대충 축하하고는 바로 다른 이야기를 꺼냅니다.

은근슬쩍 자기 자랑이나 지인 자랑을 끼워 넣기도 합니다. 진짜 친구는 나에게 생긴 기쁜 일을 다시 끄집어내어 또 얘기합니다.

두 번째 기준은 상호성인데 친구의 행동을 통해 알 수 있습니다. 예를 들어, 그 친구는 나를 위해 얼마큼의 마음과 시간, 그리고 돈을 쓰고 있을까요? 마음이면 됐지, 다른 게 뭐 중요하냐고 물을 수 있습니다. 그런데 다 중요합니다. 우정은 말보다 행동으로 드러나기 때문입니다.

제 친구 A에겐 아끼는 후배가 있었습니다. 후배는 가끔씩 A를 찾아와 힘든 회사 생활에 대한 조언을 구했습니다. 이런 관계를 10년 넘게 이어오던A는 문득 지금까지 후배가 한 번도 밥을 산 적이 없다는 사실을 깨달았습니다. 그 후배는 A를 위해 아무것도 하지 않았습니다. A는 결국 이런 결론을 내렸습니다.

'그 후배에게 나는 매번 힘든 이야기를 쏟아놓을 감정 쓰레기통이었구나.'

친구에게 후하게 베풀고 계신가요? 계속 그렇게 하면 좋겠습니다. 다만 상호성이 깨진 상태인지 점검할 필요가 있습니다.

여러분 중에도 남에게 퍼 주기만 하는 사람들이 있습니다. 그 예쁜 마음이야 잘 알지만 일방적인 관계는 건강하지 않습니다. 평소에는 코빼기도 보이지 않다가 필요할 때만 연락하는 친구들은 여러분을 에너지 충전소로 '사용' 하고 있을 뿐입니다.

세 번째 기준은 이 친구와 함께 있을 때 '나는 성장하는가?' 입니다. 새롭게 도전할 용기를 잃게 만드는 친구, 발전을 방해하는 친구, 옳지 않은 일에 나를 끌어들이고 어울리고 싶지 않은 사람들을 소개해 주는 친구. 이런 친구들에게서 멀어져야 합니다. 그들에게서 변화의 기미가 보이지 않는다면 멀리 도망가세요.

"괴로움에도 불구하고 프레너미와 관계를 계속 유지하는 이유는 무엇인가요?"

홀트-런스타드의 이 질문에 사람들은 이렇게 대답했습니다.

"오랫동안 함께 지냈으니까요."

인간은 지독하게 사회적인 존재여서 한 번 맺은 인연을 유지하려는 욕구를 가지고 있습니다. 사회 심리학자 로이 바우마이스터에 따르면 사람들은 폭력적인 배우자나 애인처럼 끊어야 할 관계조차 망설이며 절연하지 못하는 경향성이 있습니다.

언급한 프레너미의 세 가지 특징을 친구에게서 반복적으로 발견했다면 이제 연결 고리를 끊어야 할 때입니다. 그런데 한 가지 마음에 걸리는 점이 있나요? 제 유튜브 '한입심리학' 영상에 달려 있던 이 댓글의 내용처럼 말이에요.

"내가 어떤 친구에게 바로 이런 사람이었다는 것을 깨달았습니다. 아이쿠, 그 친구가 이 영상을 보면 큰일인데…."

끊어야 할 관계를 고민하기보다 '나는 과연 친구들에게 어떤 사람이었는지' 돌아보는 모습… 훈훈해지네요. 이렇게 자신부터 돌아보는 성숙한 마음을 가진다면 진짜 친구를 알아볼 수 있는 혜안도 무르익을 것입니다.

한 번 친구는 영원한 친구니까 그 관계를 유지할 의무가 있다고 생각하시나요? 누구에게도 그런 의무는 없습니다. 오히려 인생을 진짜 친구들로 채워야 할 의무가 있을 뿐입니다.

여러분의 친구들을 떠올려 보세요.

'어쩌다 보니' 친구가 되었나요?

'이왕 그렇게 되었으니' 관계를 유지하고 있나요?

가족과 친구는 내 인생에서 가장 중요한 사람들입니다.

부모를 선택할 순 없지만, 친구는 선택할 수 있습니다.

만난 지 얼마 되지 않았지만 닮고 싶은 사람,

마음을 나누고 싶은 사람이 보이면 다가가 보세요.

마음만큼 자주 만나지 못하는 사랑하는 친구에게

더 자주 고맙다고 말해 주세요.

향기로운 인연을 통해

여러분이 더 행복해지면 좋겠습니다.

자세가 바뀌면 일어나는 두 가지 놀라운 일들

-어깨부터 펴야 하는 이유

여기 두 사람이 있습니다. 누가 더 힘이 세고 지위가 높은지 한눈에 알 수 있습니다. 서열이 높은 사람과 낮은 사람 사이에 가장 먼저 눈에 띄는 차이는 바로 자세예요.

지위가 높은 사람은 몸을 크게 만드는 '확대 자세'를 취하면서 공간을 많이 차지합니다. 지위가 낮은 사람은 몸을 작게 만드는 '축소 자세'를 취하면서 공간을 적게 차지하죠. 몸동작을 통해 서로에게 '나는 내 사회적 위치를 잘 파악하고 있다'고 신호를 보내는 것입니다.

'저는 당신에게 대들지 않을 거예요. 우리 잘 지내요.'
'내가 얼마나 힘센지 알지? 그래, 잘 지내보자.'

이렇게 몸의 자세를 통해 서로의 위치를 협상하는 것입니다. 옆 사진과 같은 장면을 보는 순간 우리는 누구 말을 들어야 하는지 순식간에 정해 버려요. 거꾸로 말하면, 사람들은 내가 말을 시작하기도 전에 들을 가치가 있는지를 마음속으로 이미 결정합니다. 어떤 자세로 어떤 분위기를 풍기는지에 따라 말입니다.

그런데 더 중요한 것은 다음 이야기예요. 몸의 자세는 다른 사람들이 나를 어떻게 보는지에만 영향을 미치는 것이 아닙니다. 내가 나를 어떻게 생각하는지에도 영향을 미칩니다. 웅크린 자세를 취하는 순간 나는 자신에게 이렇게 말하고 있는 것입니다.

'음, 별 볼 일 없는 인간이군.'

심리학자 조던 피터슨은 『12가지 인생의 법칙』이란 책에서 바닷가재 이야기를 들려줬습니다. 바닷가재의 세계에도 위계가 있는데 싸움에서 승리한 바닷가재는 자세부터 달라집니다. 유연한 몸을 쭉 뻗어 더 크고 무섭게 보입니다. 패배한 바닷가재는 구부정하고 보잘것없어 보이는 자세를 취합니다.

승리자와 패배자는 신경화학적 상태부터 달라요. 승리한 바닷가재는 세로토닌의 수치가 높고 옥토파민 수치는 낮습니다. 패배한 바닷가재는 그 반대입니다(세로토닌의 작용은 다소 복잡합니다. 갑각류 동물에게선 공격성을 일으키고 척추동물에게선 반대로 공격성을 낮춥니다. 옥토파민은 동물에게서 발견되는 신경전달물질인데, 갑각류의 경우 옥토파민이 분비되면 수동적인 자세를 취하게 됩니다).

하버드 의대 연구팀이 보고한 바에 따르면, 세로토닌 주사를 맞은 바닷가재는 팔다리를 쭉 뻗어 지배하는 자가 그러하듯 공격적인 자세를 취하고, 옥토파민 주사를 맞은 바닷가재는 몸을 웅크리고 수동적인 자세를 취합니다.

싸움에서 진 바닷가재는 더 이상 싸우려고 하지 않습니다. 패배자의 뇌 구조로 전환되는 거죠. 예전에 이겨 본 상대도 두려워서 도망갑니다. 실패를 경험한 인간도 패배한 바닷가재와 비슷하게 행동합니다. 고개를 숙이고 어깨를 축 늘어뜨리면서 몸을 작게 만들어요. 그런데 구부정한 자세를 유지하면 상태가 점점 더 나빠집니다. 의욕을 잃게 되고 기분이 나빠지면서 우울해집니다.

뇌과학자인 캐롤라인 징크Caroline F. Zink 연구팀의 보고에 따르면 뇌에는 자신의 사회적 지위를 계산하는 영역이 있습니다. 주변 사람들이 자기를 어떻게 대우하는지 관찰하면서 본인의 서열 점수를 매기는 것입니다. 점수가 낮게 매겨지면 세로토닌 분비가 줄어들어요. 그러면 자신감이 없어지고 우울하고 스트레스에 더 민감해지죠. 혹시 패배한 바닷가재처럼 느껴지시나요? 그렇다면 조던 피터슨의 매우 구체적인 조언을 귀담아 들어보세요.

"어깨를 펴고 똑바로 서라."

자세부터 반듯하게 잡아야 합니다. 그러면 뇌가 달라집니다. 뇌의 명령에 따라 몸의 자세가 달라진다는 것은 누구나 아는 사실입니다(뇌 → 신체). 그런데 거꾸로 몸의 자세에 따라 뇌의 상태가 달라지기도 합니다(신체 → 뇌). 즉, 뇌의 관점에서 보면 몸의 자세는 중요한 정보입니다. 몸의 경험이 바뀌면 마음이 달라집니다(3장 글 〈친해지고 싶은 사람에게 따뜻한 차를 건네야 하는 이유〉에서 더 자세히 소개하겠습니다).

심리학자 줄리아 피셔Julia Fischer 연구팀이 알아낸 것은 당당한 자세를 취했을 때 더 낙관적으로 되고 자신의 강점에 대해 더 큰 확신을 가지게 된다는 사실입니다. 자세에 따라서 의사결정 능력도 달라집니다. 심리학자 파블로 브리놀Pablo Brinol 등의 연구에서 자신감 있는 자세로 의사결정을 한 사람들은 더 큰 결단력을 발휘했습니다.

포기하지 않는 뚝심도 바른 자세에서 나옵니다. 심리학자 존 리스킨드John Riskind 등의 연구에서 자신감 없는 포즈를 취한 사람들은 본인의 능력을 칭찬해도 믿지 않았습니다. 그래서 어려운 시험을 치를 때 더 쉽게 포기했습니다. 반면, 자신감 있는 포즈를 취한 사람들은 어려운 과제를 포기하지 않고 더 열심히 수행했습니다.

어깨를 펴고 똑바로 서면 두 가지 놀라운 일이 일어납니다. 첫째, '당당하게 서 있는 것을 보니 나는 꽤 괜찮은 사람이야' 라고 생각하게 됩니다. 자신에 대해 생각할 때 '꽤 괜찮은' 이 느낌이 참 중요합니다. 이 느낌은 긍정적인 행동으로 이어집니다. 둘째, 다른 사람들이 나를 능력 있는 사람으로 보고, 그렇게 대우하기 시작해요. 그러면 '나는 괜찮은 사람'이라는 신념을 다시 확인하게 됩니다. 자세가 만드는 선순환이 보입니다.

'자세 하나 바꾼다고 내 삶이 달라질까?'

아직도 의심하시나요? 자세를 바꾸면 세상과 삶에 대한 '나의 태도'가 달라집니다. 역경을 바라보는 '나의 관점'이 달라집니다. 어깨를 펴고 똑바로 산다는 것은 '나의 잠재력'을 최대치로 발휘하면서 사는 것을 말합니다. 정신을 똑바로 차리고 사는 것을 의미합니다.

오늘의 생각 포인트

"비관론자는 모든 기회 속에서 어려움을 찾아내고
낙관론자는 모든 어려움 속에서 기회를 찾아낸다."

영국 총리였던 윈스턴 처칠이 들려준 이 말을 기억하시지요?
어쩌면 어깨를 펴고 똑바로 서는 몸의 자세에서
'어려움 속에서 기회를 찾아내는 능력'이 시작되는 것인지도 모르겠습니다.

자세가 바뀌면 일어나는 두 가지 놀라운 일을 경험해 보세요.
'나는 꽤 괜찮은 사람'이라고 느끼고 싶다면
허리를 반듯이 하고 어깨를 쫙 펴 보세요.
다른 사람들도 나를 '꽤 괜찮은 사람'으로 보기 시작할 것입니다.

여러분을 응원합니다!

나를 아는 세 가지 방법
-내가 누군지는 내가 정한다

혹시 홍상수 감독의 영화 「우리 선희」를 보셨는지요? 어느 날 이 영화를 우연히 보게 되었는데요, 한 가지 놀란 사실이 있습니다. 자아개념이 지극히 개인적인 소유물이기보다는 오히려 주변 사람들과의 상호작용을 통해 만들어진 '사회적 구성물social construct'에 더 가깝다는 사회심리학적 사실이 자연스럽게 묘사되어 있었습니다.

영화에 선희와 세 남자가 등장합니다. 선희를 가르쳤던 최 교수, 애인이었던 문수, 그리고 선배 재학입니다. 최 교수는 재학에게 선희에 대해 이런 말을 합니다.

최교수 : 내성적이긴 하지만 안목 있고 머리도 좋고, 또 어떤 땐 또라이 같은 면도 있기는 한데….

선희를 만난 재학은 그녀에게 이렇게 말합니다.

재학 : 너는 좀 내성적이긴 한데, 정말 머리 좋아. 정말 훌륭한 안목이 있고….

이 세 남자가 우연히 만나서 또 선희 이야기를 합니다.

문수 : 되게 똑똑하기는 해요, 걔가.

최교수 : 그래, 알아. 똑똑하지.

재학 : 머리 좋지, 안목도 좋고.

그런데 선희는 어떤 사람인가요? 이 말을 반복해서 듣는다면 선희조차도 '아, 나는 조금 내성적이지만 머리가 좋고 안목도 좋은 또라이?' 라고 생각할 것입니다.

〔내가 생각하는 나〕 나는 내가 또라이라고 생각해

〔(내 생각에) 남들이 생각하는 나〕 내가 또라이라고 다들 그러더군

이 둘은 다 자기에 대한 생각이지만, 평가의 주체가 다릅니다. 첫째는 '실제 자기평가actual self-appraisal'로 내가 나를 평가한 것이고, 둘째는 남들이 나를 어떻게 평가하는지에 대한 내 생각입니다. 후자를 '반영된 자기평가reflected self-appraisal'라고 합니다.

이것이 바로 그 유명한 사회학자 찰스 쿨리Charles Cooley의 '거울자아looking-glass self'의 개념입니다. '너는 말이야…'로 시작하는 나에 대한 품평, 나를 대하는 사람들의 행동, 표정, 태도가 나를 비추는 거울처럼 작동한다는 것이지요. 자아개념이 스스로 정한 것이라기보다 여기저기서 들은 말을 종합한 결과물이란 뜻입니다.

내가 누구인지 알아가는 과정은 생각보다 미묘하고 복잡합니다. 크게 세 가지로 볼 수 있는데 첫째는 거울자아입니다. 태어나자마자 이러쿵저러쿵 말을 많이 해 주는 사람은 엄마와 아빠입니다. "야무진 우리 딸, 착한 아들" 이렇게 말해 준 덕분에

‘난 참 괜찮은 사람이야’ 라고 생각하게 됩니다. 그런데 부모라고 좋은 말만 하는 건 아닙니다. 때로는 막말을 하면서 그걸 인식하지 못하기도 합니다.

“아이고, 네가 그럴 줄 알았다.”
“아휴, 내가 바랄 걸 바라야지.”

인생 초반, 우리가 어리바리할 때 나타나서 ‘너는 이런 사람이야’ 라고 콱 도장 찍듯이 말해주는 강력하고 무거운 존재입니다. 나이가 들수록 친구들, 선생님들, 동네 아저씨, 아줌마까지 거울자아를 보여 주는 사람들은 늘어가기만 합니다.

영화 「우리 선희」 속의 선희는 어떤 사람인가요? 내성적이지만 안목 있고, 머리도 좋고, 어떤 때는 또라이 같은 사람? 최 교수가 먼저 꺼낸 이 말에 다른 사람들이 동의하고 반복해서 언급하면 선희는 이런 사람으로 확정됩니다.

여러분의 거울자아는 어떤 사람들의 합의를 거쳐 지금의 모습을 하고 있을까요? 남들의 인정을 받으면 거울자아가 거대자아가 되기도 하고, 반대로 남들의 관심을 받지 못하면 거울자아가 한없이 작아지기도 합니다. 내가 누구인지 자아개념을 잡는 것조차 내 소유가 아니니 뭐 이런 어이없는 일이 다 있나요. 어떤 때는 인간의 지독한 사회성에 머리를 흔들게 됩니다. 나는 누구인가요? 거울자아를 어떻게 수정할 수 있을까요?

나를 아는 두 번째 방법은 제도화된 지표를 통하는 것입니다. 느림보라는 말을 형에게 듣고 자란 동생이 어느 날 100미터 달리기를 12초대로 끊었습니다. 이제부터 형이 뭐라 해도 나는 바람을 가르는 사나이입니다.

이처럼 능력의 객관적인 증거를 보이는 지표들의 힘을 빌리면 '네가 그렇지 뭐' 라는 딱지가 붙은 거울자아의 덫에서 빠져나올 수 있습니다. 어쩌면 우리는 좋은 학교를 졸업하고, 시험을 통과하는 것으로 아마 이렇게 말하고 싶은 건지도 모르겠습니다.

"니들 조용히 해! 나 이런 사람이야."

그런데 구세주 같았던 객관적 지표가 생각보다 정확하지 않을뿐더러 사람을 불행하게 만드는 힘을 가졌다는 것을 곧 깨닫게 됩니다. 시험 점수, 학벌, 직위, 연봉, 과연 이런 조건들이 곧 '나'라고 할 수 있을까요? 이런 지표들은 마음을 파괴하는 괴력이 있어 사용상 주의가 필요합니다.

마지막으로, 나를 아는 세 번째 방법은 내가 누구인지 스스로 정하는 자기성찰self-reflection의 과정입니다. 성숙한 어른이 자아개념을 수정하는 방법이지요. 이를 위해선 두 가지 행동이 필요합니다.

하나는 '나는 겁이 많은 멍청이야'라고 느껴질 때 이것이 온전히 내 생각인지, 아니면 어디서 들은 이야기인지를 구분하는 연습입니다. 거울자아와 제도화된 지표처럼 남들이 가르쳐 준 정보 대신 '나만의 경험'을 통해 '직접 수집한 정보'가 있어야 합니다. 남들은 모르는 나만의 고급 정보 말입니다.

다른 하나는 내가 어떤 사람인지 관찰하는 습관입니다. 조금만 더 관심을 가지고 내 행동과 생각, 감정을 바라보는 것입니다. 자신을 사랑한다면 스스로에 대해 궁금하지 않을까요? 마치 연인의 성격과 습관, 취향이 궁금한 것처럼 말이에요. 내가

넌 소심한 스타일 이잖아!
그게 너랑 어울린다고 생각해?
오버하지 말고 하던 대로 해!
넌~ 잘 못할걸?
내가 누군지는
내가 정해!
자기성찰 거울
여기 봐 봐!

뭘 좋아하는지, 어떤 일에 속상해하는지, 무언가에 몰입할 때는 언제인지, 지루해하는 것은 무엇인지 스스로에게 물어보면 어떨까요?

그리고 하나 덧붙이자면 좀 뻔뻔해야 합니다. 남들이 던져준 기준 말고 '내가 직접 정한 기준'을 마련하려면 배짱이 요구됩니다. 점수와 상관없이 '나는 책을 좋아하고 호기심이 많은 사람이야'라고 생각하면 그만입니다. 객관성의 늪에서 빠져나올 필요가 있습니다.

"과연 나는 스스로를 '객관적으로' 평가하고 있나?"

이 질문은 중요하지만 다음 질문이 없다면 애석한 일입니다.

"과연 나는 스스로를 얼마나 '주체적으로' 평가하고 있나?"

심리학자 존 업데그라프John Updegraff 등의 연구에 따르면 객관적이고 구체적인 방식이 아닌, 주관적이고 추상적인 방식으로 자기를 표현하는 사람이 더 행복합니다. 예를 들면, '내 학점은 4.0이에요' 라고 말하는 사람보다 '나는 총명해요' 라고 말하는 사람이 더 행복합니다.

"나는 꽤 성실하지만 여유를 즐길 줄도 알지."
"나는 다른 사람을 모질게 대하지 못해. 착해서 그런 거야."
"난 현명해. 인생에서 뭐가 중요한지 알고 있어."

이처럼 주관적이고 추상적인 방식으로 자신을 묘사할 때 행복이 찾아옵니다. 애매모호하고 두루뭉술한 표현이면 어떤가요? 내가 누군지 알기 위해 정확하고 분명한 근거를 대야 할 필요는 없습니다. 남들에게 넘겨줬던 판단 기준을 되찾아올 시간입니다. 누군가의 표정이나 말 따위에 존재가 흔들릴 때, 이렇게 자기 대화를 시도해 보자고요.

"그 입 닫아라! 내가 누군지는 내가 얘기하마!"

여러분은 스스로 어떤 사람이라고 생각하나요?
자아개념의 상당 부분은
'남들에게 들은 이야기'입니다.
이것이 진정한 내 모습일까요?

사랑하는 사람을 관찰하듯 자신을 관찰해 보세요.
때로는 남들의 평가를 무시하는 배짱도 부려 보세요.
객관성의 늪에서 나와서 '내 맘대로 나를 표현'해 보세요.

'진짜 나'를 만날 수 있을 것입니다.

쟤는 별로야, 이런 평가에 속지 않으려면

-자기 충족적 예언의 악순환 끊기

'자기 충족적 예언self-fulfilling prophecy',

심리학 개념 중 가장 널리 알려진 용어입니다. '바라는 대로 이루어진다' 대충 이런 뜻 아닌가? 맞습니다. 예언이 스스로를 실현한다, 즉 예언하면 예언한 대로 된다는 뜻으로 나의 기대가 남의 행동을 어떻게 바꾸는지를 주로 설명합니다.

그런데 방향을 거꾸로 돌려서 보면 매우 유용한 통찰이 숨어 있습니다. 남의 잘못된 기대에 부응하는 내 모습이 보이기 시작합니다.

중요한 고전 연구 하나를 소개하겠습니다. 하버드대 심리학과 교수 로버트 로젠탈Robert Rosenthal은 학기 초에 캘리포니아의 한 초등학교에 가서 학생들에게 토가TOGA : Test Of General Ability라 부르는 아이큐 검사를 실시했습니다. 그리고 교사들에게 이렇게 말했습니다.

"저희가 개발한 하버드 아이큐 검사를 실시했더니 요 상위 20% 학생들, 앞으로 잘 나갈 아이들이에요."

여기 두 가지 거짓말이 있습니다. 토가 검사를 새로 개발한 하버드 아이큐 검사라고 한 것입니다. 그럴 듯하게 보이려고요. 그리고 상위 20% 영재 그룹? 이 집단도 무작위로 뽑은 아이들이었습니다. 교사들이 영재라고 생각한 아이들은 실제로는 다른 아이들과 다를 바가 없었습니다. 그리고 학년 말에 로젠탈은 동일한 아이큐 검사를 다시 했습니다.

누구의 점수가 올랐을까요? 영재그룹 학생들의 점수가 점프했습니다. 교사들의 '기대'가 학생들의 '점수'로 실현된 것입니다. 이것이 자기 충족적 예언의 핵심입니다.

'이 아이는 잠재력이 있어.'

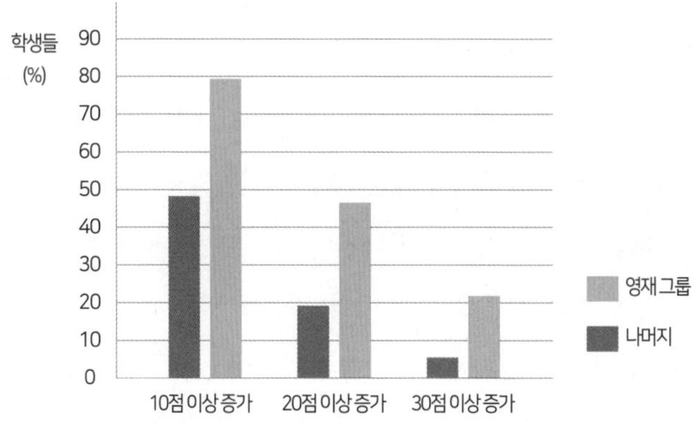

이런 기대를 가지고 있으면 아이를 대하는 교사의 눈빛과 행동이 달라집니다. 더 많은 관심을 기울이고 부드럽게 격려합니다. 도전적인 과제와 질문으로 아이를 자극하고 제출한 과제에 대해선 꼼꼼하게 피드백을 합니다. 발언 기회도 더 많이 줍니다.

선생님이 이렇게 전폭적인 지지를 보내는데 아이가 꿈쩍도 안 할까요? 운 좋게도 영명한 학생이라는 '오해'를 받은 아이는 달라지기 시작합니다. 선생님의 기대는 아이를 대하는 본인의 '행동'을 바꾸고, 이는 다시 아이의 '행동' 변화로 이어집니다. 즉 기대가 행동으로 실현되는 것이죠. 그래서 자기 충족적 예언의 다른 이름은 '행동적 확증behavioral confirmation' 입니다.

이제 선생님은 확신합니다. "역시, 요 녀석 아주 똘똘하군! 하버드 아이큐 검사에서 높은 점수가 괜히 나온 게 아냐."

기대는 그저 생각으로 끝나지 않습니다. 기대와 일치하는 방식으로 타인의 행동을 바꿔 버리는 엄청난 힘을 발휘합니다.

나의 기대에 맞춰 학생이, 부하직원이, 자녀의 행동이 달라진다니 교사로서, 상사, 부모, 어른으로서 무거운 책임감이 느껴지는 말입니다. 그리고 참 무서운 사실입니다. 교사가 아닌 학생, 상위 20%가 아닌 80%에 집중해 보면 더 그렇습니다.

나머지 그룹에 속한, 학년 말에 성적이 그리 좋지 않았던, 그러나 실제로는 잠재력이 충분했던 학생을 떠올려 볼까요? 이 학생은 '재는 별로야' 라는 잘못된 평가의 희생양입니다. 그의 마음속으로 들어가 봅시다.

나를 쳐다보는 선생님의 눈빛이 왠지 이렇게 말하는 것 같습니다. "너는 그저 그런 학생이야." 나에게 관심이 없는 건 확실해요. 질문에 답하고자 가끔씩 용기를 내서 손을 들지만 선생님은 내 말을 궁금해하지 않습니다.

이 이야기는 삶에서 현재 진행형입니다. 나에게 부정적인 기대를 가지고 있는 사람은 누구인가요? 가족 혹은 친구인가요? 상사일 수도 있습니다. 속으로 '재는 별로야' 라고 생각하는 것 같아요. 보고할 때마다 지적이 쏟아집니다. 내 의견에 그저 고개를 몇 번 끄덕여 주기만 해도 좋겠는데 말이에요.

그런데 상사의 이런 행동이 내가 특정한 방식으로 행동하게 만듭니다. '괜히 일 벌이지 말고 조용히 지내자' 가 모토가 됩니다. 높은 성과를 낼 수 없는 상황이죠. '역시 재는 별로야!' 라는 상사의 기대가 구현되는 순간입니다. 그리고 이 예언은 머지않아 '나는 별로야' 라는 혼잣말self-talk로 전환됩니다.

이럴 때 냉정하게 따져 볼 필요가 있습니다. 상사의 기대는 '나의 행동' 을 통해서 실현됩니다. 달리 말하면, 그의 기대가 실현되는 데 결정적인 기여를 하는 것은 결국 나 자신입니다.

혹시 다른 사람의 부정적인 기대가 나를 바꾸도록 지속적으로 허용하고 있는 것은 아닌지요. 그의 예언이 실현되도록 내가 행동으로 맞장구치고 있는 것은 아닌지요.

우리가 할 수 있는 일이 있습니다. '나에 대한 기대가 정확한 것일까? 나에 대해서 이러쿵저러쿵 하는 말들이 과연 진실일까?' 강력하게 의문을 제가하는 겁니다. 살아있는 배구 전설, 식빵언니 김연경 선수가 그랬듯이 말입니다.

"어렸을 때 키가 작았어요. '너는 안 된다. 그 키로 무슨 배구를 하냐'는 말을 많이 들었어요. 수없이 부정적인 얘기들을 들었지만 당돌하게 항상 이런 식으로 생각했어요. '왜 안 돼? 하면 되지! 재네들보다 더 많이 뛰고 노력하면 될 거야. 안 된다는 저 말을 내가 바꾸어 놓을 거야' 라고요."

쉽지 않은 일입니다. 나를 무시하는 사람들의 어두운 기운을 못 본 척하고 혼자 '화이팅!'을 외치는 게 보통 일인가요. 그러나 부정적인 기대를 의심하고 또 의심하는 연습을 하지 않는다면 자기 충족적 예언의 악순환에서 빠져나올 수 없습니다. 이 고리를 끊을 수 있는 사람은 나 자신밖에 없습니다.

오늘의 생각 포인트

'걘는 별로야.'

혹시 내가 이 잘못된 평가의 희생양은 아닌가요?

타인의 비관적 예언이 실현되도록

내가 행동으로 부응하고 있진 않나요?

'걘는 별로야.'

이 말이 사실인지 습관적으로 의심합시다.

'왜 안 돼? 하면 되지!

안 된다는 저 말을 내가 바꾸어 놓을 거야.'

오늘부터 이런 멘탈을 장착해 보면 어떨까요?

여러분을 응원합니다!

평범한 일상을 빛

행복

괜찮아, 아무것도 아니야

-충격편향에 속지 말기

우리가 행복하지 않은 이유는 의외로 단순합니다. 행복 예측에서 매번 헛발질을 하기 때문입니다. '어떤 선택을 해야 행복해질까?' 유감스럽게도 우린 이걸 잘 모릅니다. 이처럼 미래의 어떤 사건으로 인해 얼마나 행복한 혹은 불행한 감정을 느낄지 정확하게 예측하지 못하는 현상을 '정서 예측 오류affective forecasting error' 라고 합니다.

스스로를 행복하게 혹은 불행하게 만드는 일이 무엇인지 잘 알고 있다고 생각하지만 그것은 착각입니다. 물론 어느 정도는 알고 있어요. 거액 복권에 당첨돼서 한강과 공원이 동시에 내

려다보이는 고급 아파트를 오늘 사 버릴 수 있다면 어떨까요? 가을이 지나면 지중해 바다가 반짝이는 생 트로페즈로 넘어가 한가로이 책을 읽으며 겨울을 보내는 거예요. 생각만 해도 입꼬리가 올라갑니다. 반대로, 병들어 일자리를 잃고 먹고 살 일이 막막해진다고 생각하면 상상만으로도 슬퍼집니다.

큰 방향에 한해서는 행복 예측이 어느 정도 들어맞습니다. 그런데 방향만 맞출 뿐, 정확도는 대부분 형편없습니다. 어떤 일이 나를 얼마나 '많이' 행복하게 만들어줄지, 그 일로 행복이 얼마나 '지속'될지에 대한 예측은 매번 틀려요. 이 예측 오류를 일으키는 주범이 있는데 바로 '충격편향impact bias' 입니다.

〔충격편향〕 미래 사건이 나에게 미칠 영향의 '강도intensity' 와 '지속 기간duration' 을 뻥튀기 하는 경향성

우리의 마음속엔 충격편향이라는 뻥쟁이가 살고 있어요. '시험에 떨어지면 이번 생은 망한 거야', '이 계약만 성사되면 게임 오버, 꽃길만 걷는 거지!' 이처럼 미래에 내가 느낄 행복이나 불행의 정도, 기간을 과대평가하도록 꼬드겨서 정확한 행복

예측이 불가능하게 만듭니다. 그런데 시험에 떨어져도 망하지 않고 계약이 성사돼도 그 기쁨이 천년만년 유지되지 않는 것이 인생입니다. 수많은 연구가 발견한 행복의 진리는 이것입니다.

'기쁜 일이 생겨도 기대한 것만큼 그렇게 오래, 그렇게 많이 행복하지 않고 슬픈 일이 닥쳐도 겁낸 것만큼 그렇게 오래, 그렇게 많이 불행하지 않다.'

가장 널리 인용된 고전 연구 하나를 살펴봅시다. 심리학자 필립 브릭만Philip Brickman 연구팀은 미국 일리노이주에 사는 22명의 로또 당첨자들과 29명의 하반신마비 환자들, 로또에 당첨된 적이 없는 22명의 평범한 사람들, 이렇게 세 집단을 인터뷰했어요. 다음과 같은 질문을 했습니다.

현재 행복 : 지금 얼마나 행복하세요?

미래 행복 : 미래에 얼마나 행복할 거라고 생각하세요?

일상적 즐거움 : 다음 활동에서 얼마나 즐거움을 느끼시나요? (친구와의 수다, 텔레비전 시청, 아침 식사, 웃긴 이야기 듣기, 칭찬 받기, 잡지 읽기 등)

예상과 달리, 로또 당첨자들은 평범한 사람들보다 더 행복하지 않았습니다. 미래에 더 행복할 거라는 기대를 가지고 있는 것도 아니었습니다. 오히려 그들은 평범한 사람들에 비해 일상적 활동에서 즐거움을 느끼지 못하고 있었어요. 로또 당첨이라는 짜릿한 사건이 일상을 시시하게 만들어버린 까닭입니다.

로또 당첨자들과 하반신마비 환자의 행복이 다를 바가 없다는 식으로 이 연구의 결과를 전달하는 경우가 많은데 이는 잘못된 해석입니다. '지금 얼마나 행복하세요?' 라고 물었을 때, 환자들이 느끼는 현재 행복은 다른 두 집단보다 낮았습니다. 그렇다고 극도로 불행한 삶을 살아가는 그들의 모습을 상상했다면 오해입니다. 하반신마비 환자들의 점수는 5점 만점에 2.96점으로 행복 척도의 중간 값보다 높았어요. 게다가 두 가지 측면에서 이들의 점수는 나머지 두 집단 못지않았습니다. 하나는 내일의 행복에 대한 기대였고, 다른 하나는 소소한 즐거움이었습니다.

'나를 가장 행복하게 만들어줄 사건을 하나만 이야기해 보라' 고 주문하면 많은 사람들이 '로또 당첨' 이라고 말합니다.

그러나 돈벼락을 맞아도 영원히 행복하지 않습니다. 반대로 사고로 하반신마비가 되어도 인생이 끝장나지 않습니다. 물론 영구적인 신체 손상을 입은 사람들, 자식을 잃은 부모들, 일생을 바친 사업에 실패한 사람들은 사건 이전의 행복 수준으로 다시는 돌아갈 수 없을지도 모릅니다.

그러나 극단적인 상황에서도 내일에 대한 기대는 멈추지 않습니다. 좋아하는 이와 눈을 맞출 때, 바삭한 토스트를 한입 베어 물 때 잔잔한 행복감을 느낄 수 있는 능력은 불행한 사건 후에도 여전히 남아 있습니다.

좋은 일이든 나쁜 일이든 그 여파가 강렬하지도, 영원하지도 않다는 것을 인정할 때 조금 더 영리하고 용감한 선택을 할 수 있습니다. 대학에 합격만 하면, 어렵기로 소문난 저 시험을 통과만 하면, 모두 부러워하는 그 회사에 들어가기만 하면 더 바랄 게 없다고 생각했지만 겪어 보니 과연 그러던가요?

대충 살자는 선동으로 오해하진 마세요. 행복하기 원한다면 그 기쁨이 가라앉은 후, 새털같이 많은 평범한 나의 하루가 어떤 일상적 경험으로 채워질 것인지 냉정하게 시뮬레이션 해 봐야 합니다. 행복은 매일 출근하는 그곳에서 '작은 만족감을 얼마나 자주 경험하는가' 에 따라 달라집니다.

소소한 행복감과 희망을 잃어버리지 않은 하반신마비 환자들은 특별한 사람들이 아닙니다. 인생에서 가장 고통스러웠던 순간으로 잠시만 돌아가 볼까요? 누구나 한 번쯤은 가진 모든 것을 잃은 것 같은 괴로움, 도무지 사라질 것 같지 않은 묵직한 고통의 순간을 맞닥뜨립니다. 그때 사람들이 위로한답시고 '이 또한 지나가리라' 어쩌고 하면 말없이 듣고 있지만 속에선 불이 납니다.

'당신들이 내 아픔을 알까? 이게 없어진다고? 당해 본 적 없으면 말을 말라고.'

그런데 듣기 싫었던 그 말이 사실이 아니었던가요. 최악의 순간과 비교하면 현재의 내 상태는 상당히 봐줄 만합니다. 몸이 아플 때, 신체적 면역 시스템이 작동하는 것처럼, 마음이 아플 땐 심리적 면역 시스템psychological immune system이 작동합니다. 이 시스템은 무너진 마음을 다시 일으켜 세우는 회복 프로세스를 가동시킵니다. 주된 기능은 '아픔 수치' 를 낮추는 것입니다.

하버드대 심리학자 다니엘 길버트Daniel Gilbert 연구팀은 다양한 상황에서 심리적 면역 체계의 존재를 확인했습니다. 연구자들은 사람들에게 연인과 헤어졌을 때, 종신 재직tenure 심사에 탈락하고 교수직에서 쫓겨났을 때, 구직 면접에 떨어졌을 때 등 여러 실패 상황에서 얼마나 불행할 것인지를 예측해 보라고 했습니다.

그 결과, 괴로움의 종류는 달랐지만 일관되게 관찰된 현상은 고통의 지속 기간을 실제보다 과대평가하는 것이었습니다. 이는 상처를 회복하는 자신의 능력을 과소평가하는 '면역 무시immune neglect' 경향성 때문입니다. 실제로 일이 닥쳤을 때 겪는 아픔보다 상상 속에서 내가 뻥튀기한 아픔이 더 길어 보입니다.

이런 논문을 백만 개 읽어도 미래에 나를 덮칠지도 모르는 불행이 두렵습니다. 면역 체계가 전력을 다해도 회복 과정은 지난하니까요. 그러니 실패하지 않기 위해 애쓰십시오. 실패가 뻔한 꿈은 접어 둡시다. 어떤 일에 몰입하기 전에 승률 계산기도 두드려 봐야겠죠.

그러나 마음에 열망이 가득하다면 한 번쯤은 이래 봤으면 좋겠습니다. "까짓거, 어쩌라고! 죽기야 하겠냐! 망해도 좋으니까 지금은 이거 할 거야"라고요. 어쩌다 한 번쯤은 이래도 되지

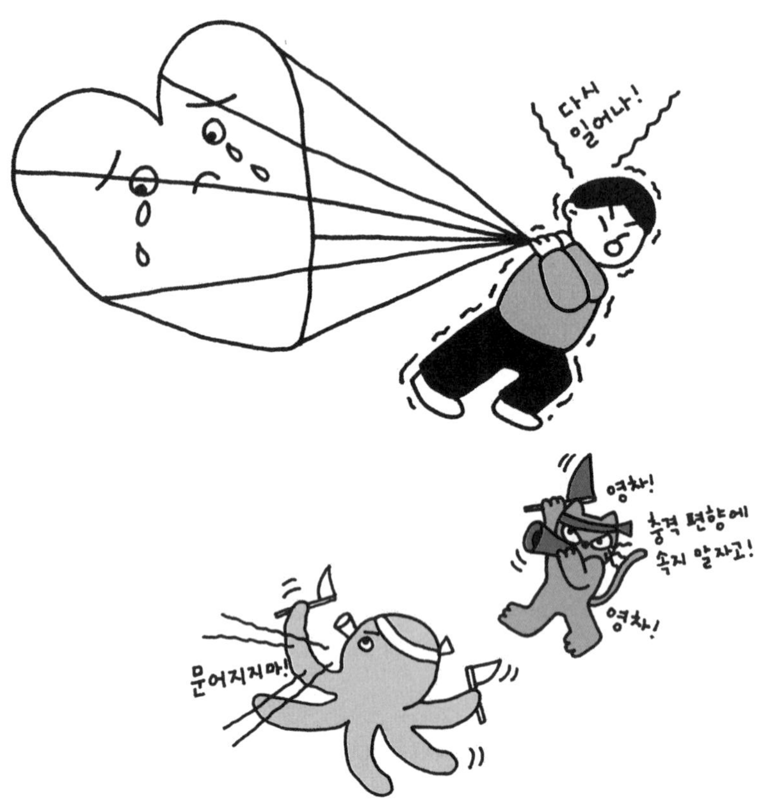
다시
일어나!
영차!
충격 편향에
속지 말자고!
영차!
문어지지마!

않을까요?

인생을 찬찬히 돌아보면 어려움을 극복한 증거들이 풍부합니다. 여러분도 '어두움'에서 다시 '빛'으로 나아오곤 했습니다. 그리고 나올 때는 늘 뭔가를 끌고 나왔습니다. 단단해진 마음 근육, 전에 없던 약간의 여유, 상처받은 이들에 대한 관심, 명확해진 존재 인식. 이 증거들은 미래의 역경을 결국 극복해 낼 여러분의 능력을 의미합니다. 과거 행동만큼 정확한 미래 행동의 예측 지표가 있을까요?

여러분은 앞으로도 그럴 것입니다.

드라마 「나의 아저씨」에 이런 대사가 나옵니다.

"내가 어떻게 행복하게 사나 꼭 봐!
다 아무것도 아니야.
쪽팔린 거, 인생 망가져서 뒤에서 사람들이 수군대는 거,
다 아무것도 아니야. 행복하게 살 수 있어.
나 안 망가져. 행복할 거야. 행복할게."

나쁜 일이 생기면 충격편향은
우리에게 '큰일 났다고' 호들갑을 떨어 댑니다.
그러나 그 말을 다 믿지 마세요.
여러분은 생각보다 강합니다.
그러니 「나의 아저씨」에서 이선균 배우가 연기한 '동훈'이
자신 못지않게 상처투성이인 '지안'에게 읊조린 이 말이 정말 맞습니다.

"아무것도 아니야. 네가 아무것도 아니라고 생각하면 아무것도 아니야."

성공하면 행복해진다?

-행복해야 성공한다!

우리의 마음엔 이런 공식이 있습니다.

'성공하면 행복해질 거야.'

고진감래(苦盡甘來), 쓴 것이 다하면 단 것이 온다. 어렸을 때부터 이렇게 배웠으니까요. 그래서 내일의 행복을 위해 별의별 고생도 다 참아 보려고 합니다. 그런데 혹시 거꾸로 관계도 사실일까요?

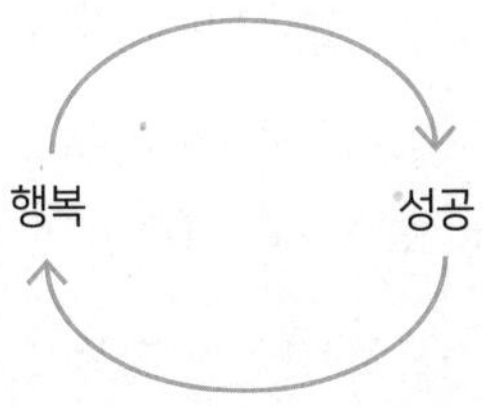

연구자들은 두 개념 사이에 놓인 화살표를 거꾸로 놓고 생각해 보는 걸 좋아합니다. '행복해야 성공하는 건 아닐까?' 하고 말입니다. 만약 이것이 사실이라면 그동안 우리는 전체 그림에서 반쪽만 보고 있었던 것이죠.

심리학자 소냐 류보머스키Sonja Lyubomirsky 연구팀이 행복하면 성공하는지 알아보았습니다. 논문을 무려 225개나 찾아내 종합 분석을 한 뒤 내린 결론은 거꾸로 된 화살표도 맞는 말이라는 것입니다. 행복이 먼저 내 안에 자리 잡고 있어야 성공이 찾아올 가능성이 높아집니다.

수많은 연구들이 행복과 성공 사이의 높은 상관관계를 밝혀냈습니다. 여기서 성공이란 돈을 많이 벌고 화려하게 사는 것을 의미하지 않습니다. 성공이란 일, 사회적 관계, 건강의 세 가지 중요 영역에서 원하는 바를 이루며 사는 것을 뜻합니다.

행복한 사람은 직장에서 '일 잘하는 사람'의 특성을 드러냅니다. 우선 직무 만족도가 높습니다. 자기 일에 만족하는 사람은 '조직시민행동organizational citizenship behavior'의 특성을 보입니다. 즉, 시키는 일만 하는 게 아니라 동료를 돕고 건설적인 제안을 하는 등 자발적으로 다양한 활동을 수행하는 것이지요.

이런 사람이 더 높은 연봉을 받을 가능성이 있지 않을까요? 심리학자 마틴 핀콰트Martin Pinquart와 실비아 소렌슨Silvia Sorensen이 286개의 논문을 종합 분석해 보았는데 행복과 소득 사이엔 강한 상관관계가 있었습니다. 놀랍게도 소득은 교육 수준보다 행복과 더 강하게 연결되어 있었습니다.

행복한 사람은 좋은 친구들을 더 많이 가지고 있습니다. 배우자나 연인과도 더 만족스러운 관계를 유지합니다. 행복한 사람은 정신적, 신체적으로 건강합니다. 자신의 몸과 마음을 잘 돌보고 스트레스에도 유연하게 대처하죠. 당연히 자살이나 사고의 위험성도 적습니다.

많은 연구들이 행복과 성공의 관계를 밝혀냈지만 이것만으로는 좀 아쉽습니다. 이 연구들은 행복과 성공 지표를 동시에 측정해서 상관관계만을 밝혔습니다. 이 결과들을 보고 '성공했으니까 행복한 거다' 라고 해석해도 맞는 말입니다. 그렇다면 인과관계 즉 행복이 원인이고 성공이 결과라는 것을 어떻게 확인할 수 있을까요? 행복을 측정한 시점이 성공을 측정한 시점보다 앞서면 됩니다.

다행히 몇몇 연구들은 행복과 성공의 인과관계에 대해 알아보았습니다. 경영학자 배리 스토Barry M. Staw 등의 연구에서는 직원들의 행복도를 측정하고 1년 후에 누가 더 많은 도움을 동료들로부터 받고 있는지 확인해 보았습니다. 행복한 사람이 더 많은 정서적, 실제적 도움을 받고 있었습니다. 연구에서 행복을 먼저 측정하지 않았다면 '동료들로부터 많은 지지를 받는 사람이 더 행복하다'는 식으로 결과를 해석했을 것입니다. 이 연구가 보여준 것은 거꾸로 관계 즉 '행복해야 지원도 더 많이 받는다'는 사실입니다.

그뿐만 아닙니다. 경영학자 토마스 라이트Thomas A. Wright 연구팀이 사원들의 행복도를 측정하고 3년 반 후에 상사의 의견을 들어봤더니 행복한 사람이 다양한 측면에서 더 좋은 평가를 받고 있었습니다.

행복 연구의 대가 에드 디너Ed Diener 연구팀이 밝혀낸 바에 따르면 대학 시절 행복했던 사람은 37세 되는 시점에, 행복하지 않았던 사람보다 더 높은 소득을 올리고 있었습니다. 행복해야 일도 더 잘하고, 돈도 더 많이 벌 수 있습니다.

심리학자 리앤 하커LeeAnne Harker와 대커 켈트너Dacher Keltner는 흥미로운 사실을 알아냈습니다. 21세에 찍은 대학교 졸업 앨범을 살펴보았는데, 사진에서 행복한 표정을 지은 사람일수록 중년까지 싱글로 남지 않고 결혼할 가능성이 높았고 31년 후 더 만족스러운 결혼 생활을 유지하고 있었습니다.

행복한 사람은 다른 사람들을 좋아하고 자기 자신도 좋아합니다. 자기가 능력 있는 사람이라고 생각하죠. 친구들, 가족들과 더 잘 지내고 타인에게 친절합니다. 그러다보니 그에게 호감을 갖는 사람들이 많습니다. 남에게 많은 도움을 주고 본인도 도움을 많이 받습니다. 면역 기능도 더 뛰어나 건강하게 오래 삽니다(행복과 건강의 놀라운 관계에 대해서는 〈90년 전 수녀들의 일기에 담긴 행복의 비밀〉에서 자세히 소개하겠습니다). 높은 회복탄력성을 가지고 있어 어려움이 닥쳤을 때 쉽게 좌절하지도 않습니다. 모두 성공의 가능성을 높이는 요인들입니다.

우리 마음속에 새겨져 있는 공식은 '성공하면 행복할 거야'입니다. 이 생각을 하면 현재의 행복을 미뤄두고 일에 더 몰두해야 할 것만 같습니다.

하지만 이제 새롭게 새겨야 할 관계는 '행복해야 성공한다'입니다. 이는 수많은 연구를 통해 학자들이 발견한 행복에 대한 가장 중요한 사실 중 하나입니다.

기억해야 할 행복의 진리는 이것입니다.

"오늘, 일상의 행복이 미래의 성공을 예측한다."

행복한 사람이 일, 관계, 건강 등 삶의 주요 영역에서 더 성공적인 삶을 살아갑니다.

내가 원하는 만큼 성공하지 못해서
지금 행복하지 않은 것일 수도 있습니다.
그러나 어쩌면 내 일상의 행복을 챙기지 못해
성공이 더디게 오는 것일 수도 있어요.

지금보다 아주 조금만 더 작은 행복을 맛보면서 사는 여러분의 모습을 응원합니다.

행복은 강도가 아니라 빈도다

-오늘 분량의 작은 기쁨 챙기기

어떻게 하면 행복해질 수 있을까요?

참 어려운 주제입니다. 이게 가능한 일이긴 할까? 회의가 밀려올 때도 많습니다.

행복이 너무 멀리 있는 것처럼 느껴질 땐 '내일의 목표'를 잊고 '오늘의 기분'에 집중할 필요가 있습니다. 아주 단순하게 이야기하자면 행복은 기분 문제이기 때문입니다.

행복, 이 애매모호하고 추상적인 상태를 어떻게 측정할 수 있을까요? 심리학에서는 다음 두 가지 질문을 사용합니다.

첫째, 지난 3개월 동안 긍정적인 정서를 얼마나 자주 경험했습니까?

둘째, 전반적으로 당신의 삶에 얼마나 만족합니까?

전자는 그간 '어떤 기분'으로 살았는지 정서적 경험에 대해 묻는 질문이고, 후자는 자신의 삶에 대해 '어떻게 생각'하는지 인지적인 측면을 탐색하는 질문입니다. 행복에 관한 가장 중요한 사실이 이 두 문장에 담겨 있습니다. 행복이란 삶의 다양한 측면에서 얼마나 만족하는지에 대한 '나의 생각'인 동시에 그저 순간순간 느끼는 '나의 기분'이기도 합니다.

"행복은 기쁨의 강도intensity가 아니라 빈도frequency다."

이는 행복의 진리를 담은 핵심 문장 중 하나입니다. 주관적 안녕감subjective well-being이라는 이름 아래 행복 연구를 주도한 심리학자 에드 디너Ed Diener가 강조하는 행복의 법칙입니다. 큰 기쁨을 추구하는 행위는 행복에 여러모로 불리한 선택입니다. 그 이유를 살펴보겠습니다.

우선, 엄청나게 기쁜 사건은 인생에서 자주 일어나지 않습니다. 맹렬하게 원한다고 해도 커다란 기쁨을 경험할 수 있는 기회는 매우 드뭅니다. 사람들이 매일 어떤 감정을 느끼고 사는지 추적한 연구들이 알아낸 바는 큰 기쁨을 느끼는 순간이 일상에서 차지하는 비중이 1~3%에 지나지 않는다는 사실입니다.

행복 연구가 밝힌 또 다른 사실은 큰 기쁨에는 대가가 따른다는 것입니다. 강렬한 기쁨을 느낄수록 시련이 닥쳤을 때 좌절이나 슬픔도 더 강렬하게 경험합니다. 큰 기쁨을 추구할수록 깊은 절망의 늪에 빠질 위험도 커지는 것이지요.

또한 큰 기쁨은 소소한 일에서 비롯되는 작은 즐거움을 반감시킵니다. 이에 반해 사소한 불편함으로 인한 괴로움은 증폭시킵니다. 친구와 영화를 보거나 책을 읽으며 한가로운 오후를 보내는 일상의 만족감엔 무뎌지고 별것도 아닌 어려움엔 더 고통스럽게 반응하게 됩니다. 이것이 바로 앞서 소개한 필립 브릭만 등의 연구에서 로또 당첨자들이 기대만큼 행복하지 않았던 이유입니다.

큰 꿈을 안고 전력을 다하는 삶은 아름답습니다. 꿈을 이뤘을 때 느끼는 희열은 의심의 여지없이 소중한 경험입니다. 그러나 인생의 행복은 짧고 강렬한 몇몇 하이라이트 장면들로 결정되지 않습니다. 언급했듯이 큰 기쁨은 어느새 우리를 배신합니다. 행복은 특별할 게 없어 기억조차 못 하는, 모래알처럼 많아 셀 수도 없는, 평범한 장면들의 총합으로 결정됩니다.

> 큰 기쁨이 아니라 여러 번의 기쁨이 중요하다. 객관적인 삶의 조건들은 성취하는 순간 기쁨이 있어도, 그 후 소소한 즐거움을 지속적으로 얻을 수 없다는 치명적인 한계가 있다.

연세대 심리학과 서은국 교수의 저서 『행복의 기원』 중 일부분입니다. 행복하기 원한다면 이 구절을 마음에 새길 만합니다. '누가 더 행복한 삶을 살았는가?' 이 철학적인 질문을 단순한 질문으로 바꿀 수 있습니다. '누가 더 자주 잔잔한 미소를 지었는가?' 생을 마감하는 날 행복 결산을 한다면 훈훈하고 평안하고 유쾌하고 고마운 감정을 경험한 빈도가 가장 중요한 평가 기준이 될 것입니다.

오늘 어떤 사람의 문자를 받고 반가웠나요? 책에서 읽은 구절이 흥미롭게 느껴졌나요? 지난주에 본 영화가 재미있었나요? 어떤 장면에서 뭉클했나요? 내일 누군가를 만날 생각에 살

커피향
너무 좋다~
이런게
행복이지!
음~
커피냄새~

짝 설레나요? 모두 여러분의 행복에 기여하는 의미 있는 순간들입니다.

그래서 소확행(小確幸, 작지만 확실하게 실현가능한 일상의 행복)은 학문적으로도 '말이 되는' 주장입니다. 어차피 실현되지 않을 헛된 꿈은 잊어버리고 분수에 맞게 작은 일에나 만족하며 살라는 부추김으로 이를 오해할 필요는 없습니다. 소확행은 행복 주식시장에서 투자 대비, 가장 안정적이고 장기적인 수익을 가져다 줄 효자 종목입니다. 커다란 한방, 큰 기쁨에 삶의 전부를 투자한 사람은 행복 결산에서 초라한 성적을 거두게 됩니다. 행복에서도 '계란을 한 바구니에 담지 말라'는 분산 투자의 규칙이 유효합니다.

행복하기 원한다면 이제부터 중요한 의사 결정의 기준을 행복의 정의에 맞게 조정해 보세요. 나에게 잔잔한 기쁨을 가장 '빈번'하게 가져다 줄 선택이 무엇인지 따져 봐야 합니다.

혹시 어떤 일을 하며 살아야 할지 고민하고 있나요? 그 선택으로 일상이 어떻게 달라질지 상상해 봅시다. 3년 혹은 7년 후 9월 어느 날, 여느 때와 다를 바 없는 이날, 여러분은 누구와 무슨 대화를 하고 있습니까? 일하면서 종일 무엇에 대해 생각합니까? 손에 들고 있는 것은 펜입니까? 악보인가요? 혹은 재무제표인가요? 종일 사무실에 있나요? 아님 여기저기 다니면서 사람들을 만나나요? 주로 어린 사람들을 상대하나요? 아니면 연세 지긋한 분들과 함께 있나요? 이 질문을 놓치지 마세요.

'이 일을 하게 되면 일상에서 긍정적인 정서를 자주 경험할 수 있을까?'

그리고 오늘 나를 위해 한 가지만 해 보는 것은 어떨까요? 내일을 위해 오늘의 감정을 방치하고 있다면 작은 변화를 시도할 시점입니다. 10분 동안 햇빛을 즐길 수도 있고, 좋아하는 친구를 만나서 맛있는 것을 먹을 수도 있습니다. 잠시 서점에 들러 신간을 훑어볼 수도 있습니다.

1분만 시간을 내서 지금 한 개만 골라 보세요. 이 글을 읽고 여러분이 일상의 소소한 행복을 위해서 어떤 일을 했는지 그리고 어떤 기분을 느꼈는지 무척 궁금합니다.

여러분이 행복하면 좋겠습니다.

『행복의 기원』의 내용 중 한 구절을 더 소개합니다.

“우리는 현재를 즐기지 못하고 산다. 고등학생은 오직 대학을 가기 위해, 대학생은 직장을 얻기 위해, 중년은 노후 준비와 자식의 성공을 위해 산다. 많은 사람이 미래에 무엇이 되기 위해 전력 질주한다. 이렇게 ‘becoming’에 눈을 두고 살지만, 정작 행복이 담겨 있는 곳은 ‘being’이다.”

행복이 기쁨의 강도가 아니라 빈도라면
내가 무엇이 되는(becoming) 결정적 순간이 아닌,
무엇이 되기 위한 과정에서 내가 어떻게 존재하고 있는지(being)를 살펴야 합니다.

대학원 시절 서 교수님께 행복에 대해 배웠습니다. 그때 읽은 논문들과 수업 시간의 토론에서 제 삶의 방향을 바꾼 수많은 가르침을 얻었습니다. 그 중에서도 제 마음속 가장 깊숙한 곳에 남은 한마디는 이것입니다.

“행복은 becoming이 아닌 being에 있다.”

90년 전 수녀들의 일기에 담긴 행복의 비밀

-믿기 힘든 긍정 단어의 위력

심리학자 데보라 대너Deborah Danner와 데이비드 스노든David A. Snowdon 연구팀이 2001년에 발표한 수녀 연구the nun study에는 놀라운 행복의 힘이 담겨 있습니다.

이 연구는 역학자이자 신경학자인 스노든 교수가 1986년에 시작한 장기 프로젝트의 중요한 일부입니다. 현재까지 지속되고 있는 이 프로젝트는 미국 노트르담 교육수도회에 소속된 수녀 678명을 대상으로 라이프스타일과 건강의 관계를 밝히는 데 집중했습니다.

프로젝트 첫해에 수녀들의 나이는 75세에서 102세로 모두

1917년 이전에 태어난 사람들이었습니다. 이들은 모든 개인 기록과 함께 유전자 검사 결과를 제공하고, 매해 인지 능력과 신체적 기능 검사에 응하는 것은 물론 사후에 뇌를 기증하겠다는 약속까지 하면서 연구에 참여했습니다.

대너 교수는 수녀들의 기록을 찾느라 오래된 문서들을 뒤지고 있었는데, 그때 아주 중요한 사실 하나를 알아냈습니다. 1930년 9월 22일 위스콘신주 밀워키의 원장 수녀님이 수도자로 살겠다고 수도서원을 한 모든 수녀들에게 이런 편지를 썼던 것이죠.

> "자신의 삶을 돌아보세요. 그리고 자서전을 써 보세요. 가족들, 어린 시절 이야기, 수녀가 되기로 결심한 이유, 특별한 사건들에 대해서 적어 보세요."

원장 수녀님의 부탁이었으니 다들 자서전을 썼을 테지만 너무 오래된 일이라 수녀들의 글을 찾기가 쉽지는 않았을 거예요. 운 좋게도 대너 연구팀은 1931년~1943년에 밀워키와 볼티모어의 수녀원에 들어온 180명의 수녀들이 입회 당시 작성했던 글을 입수할 수 있었습니다.

당시 서원을 한 수녀들의 평균 나이는 22세였습니다. 연구팀이 자서전을 세밀하게 분석할 때 특별히 눈여겨본 것이 있었습니다. 다음 두 글을 비교해 보며 읽는다면 그것이 무엇인지 눈치챌 수 있을 것입니다.

A수녀 : 나는 1909년 9월 26일 일곱 남매 중 장녀로 태어났다.(중략) 노트르담 대학에서 화학과 라틴어를 배우면서 수련 수녀 시절을 보냈다. 하나님의 은혜로 우리 수녀회와 선교 활동에 헌신하고, 정결한 삶을 위해 최선을 다할 것이다.

B수녀 : 하나님께서 헤아릴 수 없는 엄청난 축복을 내게 주심으로 내 인생이 시작되었다.(중략) 노트르담 대학에서 공부하면서 수련 수녀로서 보낸 작년 한 해는 정말 행복한 시간이었다. 나는 성모 마리아의 수녀복을 받고 사랑의 하나님과 하나 된 삶을 사는 것을 열렬히 기뻐하며 기대하고 있다.

한눈에 봐도 두 번째 수녀가 훨씬 더 행복한 사람이라는 것을 알 수 있습니다. 연구팀은 긍정적인 정서가 담긴 문장과 단어의 숫자를 세기 시작했습니다. 그리고 수년 동안 사망률을 추적했습니다.

결과는 정말 놀라웠습니다. '기쁘다, 행복하다, 희망적이다, 흥미롭다, 감사하다, 기대된다'와 같은 긍정적 정서를 많이 표현했던 수녀들이 더 오래 살았습니다. 행복한 상위 25% 집단의 93세 생존 비율이 52%인데 비해, 하위 25% 집단은 18%에 지나지 않았습니다.

정서 측정 방법에 따라 두 집단의 수명 사이에 6.9년에서 10.7년까지 차이가 났습니다. 긍정 정서 문장이 1% 증가할 때마다 사망률이 1.4% 줄었습니다. 가장 불행한 집단이 가장 행복한 집단에 비해 사망률이 2.5배 가까이 높았습니다. 22살에 어떤 정서를 많이 표현하고 사는지와 장수 사이에 이렇게 강력한 관계가 있다니 놀라울 뿐입니다.

이 연구가 특별한 이유가 하나 더 있습니다. 수녀들을 연구대상으로 선택한 것은 신의 한 수였습니다. 모두 매우 비슷한 안정적인 삶을 살기 때문에 자연스럽게 다른 건강 위험 요인들을 통제할 수 있습니다. 술, 담배와 약물, 임신과 출산으로 인한 위험 요인이 없습니다. 남편이나 자식이 지지리 속을 썩이는 일도 없습니다. 게다가 하는 일이 비슷하고 수녀원에서 비슷한 음식을 먹습니다.

앞에서 행복한 사람이 일과 사회적 관계뿐만 아니라 건강 측면에서도 더 성공적인 삶을 산다고 이야기했습니다. 수녀 연구는 이 주장의 아주 강력한 증거입니다.

건강한 삶을 살고 싶다면 이제부터 내가 할 일은 일상적 행복의 빈도를 챙기는 일입니다. 쉬운 일은 아니지만 불가능한 일도 아닙니다. 심리학자 소냐 류보머스키의 조언을 들어볼까요?

Happiness takes work!

행복해지는 데도 적절한 노력이 필요하다!

행복 추구에 집착하자는 제안이 아닙니다. 최근 행복 연구에서 주목받고 있는 발견 중 하나는 행복하게 살아야 한다는 압박감이 오히려 행복을 방해한다는 점입니다. 무엇이든 지나치면 모자람과 매한가지입니다. 다만, 행복 추구 활동에 너무 인색한 건 아닌지 돌아보면 좋겠습니다.

조금 더 행복해지기 위한 작은 노력으로 ‘B수녀 따라 하기’를 제안합니다. 연구자들이 나의 글을 읽는다면, 내가 평소에 하는 말을 녹음해서 듣는다면, 하루를 사는 나의 표정을 촬영해서 살펴본다면, 심각한 A수녀 같다고 생각할까요? 아니면 행복한 B 수녀를 닮았다고 생각할까요?

행복한 사람은 긍정적 단어를 풍성하게 사용하고 수시로 미소 짓습니다. 거꾸로, 마음이 환해지는 말을 한마디씩만 더 할 수 있다면 점차 행복한 B수녀를 닮아가지 않을까요? 조금 더 행복해지지 않을까요?

수녀 연구의 결론은 매우 간단합니다. '행복하면 건강하다!' 이게 전부입니다. 행복한 게 좋은 거라고 말할 뿐 어떻게 해야 행복해질 수 있는지는 알려주지 않습니다.

그래도 한 가지 힌트는 얻을 수 있습니다.
행복한 사람들이 어떻게 행동하는지를 잘 관찰하고 따라 하면 행복해질 수 있는 방법을 발견할 때가 있습니다.
예를 들어, 행복한 사람은 혼자 지내기보다는 사람들과 함께 있는 것을 좋아합니다. 이들처럼 사람들과 어울리고자 노력하면 조금씩 행복해질 가능성이 있습니다.

긍정적 단어 사용도 마찬가지일 것입니다. 매일 부정적인 단어들을 쏟아내며 하루를 보낸다면 행복과 점점 더 멀어지겠지요.
이제 틈만 나면 이렇게 말해 볼까요?

참 좋다고, 흐뭇하다고, 감동적이라고, 신난다고, 고맙다고, 기대된다고, 희망이 보인다고….

여러분이 행복하고 건강하면 좋겠습니다.

예쁘고 잘생기면 행복할까?

-거울 속 내 모습 사랑하기

예쁘고 잘생기면 행복할까요? 외모가 좋으면 자존감이 높을까요? 외모 점수의 종류에 따라서 상반된 연구 결과들이 존재합니다. 서로 다른 결과를 가르는 결정적 요인은 무엇일까요?

모두가 부러워하는 훌륭한 외모를 가지고 있는 사람들은 행복할까? 심리학자 에드 디너Ed Diener 연구팀은 이 질문에 답하기 위해서 '객관적인 외모 점수'를 얻고자 노력했습니다. 100명도 넘는 사람들의 상반신 사진을 찍고 외모 평가단에게 이렇게 부탁했습니다.

“사진 속 인물들의 얼굴을 1점에서 10점 사이 점수로 평가해 주세요.”

외모와 행복, 이 두 변인 사이엔 특별한 상관관계가 없었습니다. 신체적 매력으로 행복을 설명할 수 없었어요.

“얼굴이 외모의 전부는 아니지. 이번에는 몸매가 나오게 풀샷을 찍어보자. 사진만 찍을 게 아니라 영상도 만들어야겠다.”

이런 연구진의 다양한 시도에도 불구하고 결과는 전혀 달라지지 않았습니다.

다른 조건에서는 외모를 꾸며 주는 요소를 다 제거해 보았습니다.

“메이크업을 싹 지우시고, 액세서리도 다 빼세요. 그리고 비닐로 된 샤워 캡을 머리에 쓰고 하얀 가운을 입으세요.”

이런 모습으로 카메라 앞에 서야 하다니, 실험 참가자들이 느꼈을 당혹감이 어떠했을지 상상할 수 있습니다. 냉정하게 평가한 신체적 매력은 행복과 관련이 있었을까요? 결과는 마찬가지였습니다.

그런데 행복과 높은 상관을 보이는 수치가 딱 하나 있었습니다. 그건 바로 외모에 대한 '주관적 평가'였습니다. '당신의 외모를 1점에서 10점 점수로 평가해 주세요'라는 요청에 높은 점수를 표시한 사람은 더 행복했습니다. 다른 사람들이 어떻게 평가하든 '내 외모, 솔직히 이 정도면 괜찮지 뭐'라고 생각하는 사람이 더 행복했던 것입니다. 그런데 그의 사진(꾸밈의 요소를 완전히 제거한 자연 그대로의 모습!)을 본 외모 평가단은 다른 소리를 했습니다. "흠, 솔직히 이 사람의 외모가 썩 괜찮다고 말할 순 없는데요."

연구진은 외모와 자존감self-esteem의 관계도 살펴보았습니다. 예쁘고 잘생기면 자존감이 높을까요? 실험 결과는 행복과 매우 비슷합니다. 상반신 혹은 풀샷, 샤워 캡을 쓰든 안 쓰든 객관적인 타인의 외모 평가와 자존감 사이에는 아무런 관계가 없었습니다. 주관적인 외모 평가 점수만이 자존감과 높은 상관관계를 보였습니다. 외모와 행복, 자존감의 관계에서 서로 다른 결과를 가르는 결정적 요인은 '자기 평가'입니다.

최초의 심리학 선생님으로 불리는 윌리암 제임스Willam James

에 따르면 자존감은 자신이 중요하다고 여기는 영역에서 스스로 얼마나 '괜찮은 사람' 이라고 느끼는지에 달려 있습니다.

외모는 능력(나는 얼마나 유능한가), 사회적 관계(사람들이 얼마나 나를 좋아하는가)와 함께 자존감에 영향을 미치는 '중요 영역' 으로 꼽힙니다. 핵심은 '내가 나의 외모를 어떻게 평가하는가' 입니다.

외모에 대한 자기 평가self-rated attractiveness와 자존감의 관계에 대해서 많은 연구를 수행한 심리학자 수전 하터Susan Harter에 따르면 이 두 변인 사이에는 매우 강력한 상관관계가 존재합니다. 신체적 매력에 대한 본인의 인식perception이 자존감 변인의 70% 이상을 설명하고 있었습니다. 객관적 평가가 아닌 주관적 외모 평가만이 자존감을 예측한다는 것을 디너 연구팀이 더 확실하게 보여준 것입니다.

우리나라에서 이 연구를 한다면 어떨까요? 외모를 중시하는 경향성이 점점 더 짙어지는 한국 사회에서는 다른 결과가 나타나지 않을까요? 안구 정화와 얼굴 천재에 이어 페이스펙(얼굴도 스펙이다), 하이티즘(키는 권력이다), 의란성 쌍둥이(성형외과 의사가 만들어낸 쌍둥이)와 같이 외모 지상주의를 반영한 신조어들

조..금 길지만
이 정도면
괜찮은데
^^
옷이 호강하네!
이런 얼굴
흔치 않지

이 끊임없이 생산되고 있는 현실을 고려했을 때 말입니다.

연세대 심리학과 서은국 교수 연구팀이 우리나라 대학생들을 대상으로 디너의 연구를 반복 검증했습니다. 결과는 이번에도 마찬가지였습니다. 외모에 집착을 보이는 우리 사회에서도 중요한 것은 결국 주관적 평가였습니다.

외모와 자존감, 그리고 행복. 이 세 변인은 서로 영향을 주고받으면서 복잡하게 연결되어 있습니다. 객관적으로 예뻐서 행복한 것이 아닙니다. 내가 예쁘다고 생각하니까 행복한 것이고 또 거꾸로 행복할 때 내 모습도 더 예뻐 보입니다. 객관적으로 외모가 훌륭해서 자존감이 높은 것이 아니라 '난 내 외모가 마음에 들어. 귀엽잖아'라고 생각하니까 자존감이 높아지는 것입니다. 또 스스로 괜찮은 사람이라고 인정할 때 외모도 괜찮아 보입니다.

이 복잡한 선순환에서 기억해야 할 핵심은 바로 이것입니다.

'나는 얼마나 나를 좋아하는가?'

행복이나 자존감은
현실을 그대로 반영하는 것이 아니라
현실에 대한 나의 '인식perception'을 반영합니다.

거울 속 내 모습에서 장점을 찾아
'이 정도면 괜찮지'라고 자꾸 말해 주세요.

스스로를 보듬고 안아줄 때
내 외모도 조금씩 더 사랑스럽게 느껴질 것입니다.
그리고 더 행복해질 것입니다.

딴생각을 많이 하면 나에게 일어나는 일

-'Here & Now'를 살아야 하는 이유

저는 수시로 딴생각을 합니다. 교회에서 목사님 말씀을 듣는 동안 이런 생각을 하곤 합니다.

'점심엔 뭘 먹지?'
'아! 지난주에 강의하다가 까먹고 얘기 안 한 게 있네.'
'그 사람은 무슨 의도로 내게 그런 말을 한 거지?'

이쯤 되면 설교를 하나도 듣지 않은 것이 아니냐고 할 수 있습니다. 딴생각만 한 것은 아니지만 설교에 집중했다고도 할 수 없어요. 딴생각이 많다는 건 지금 이 순간을 제대로 활용하지도, 누리지도 못한다는 이야기입니다.

문득 궁금해졌습니다. 딴생각을 많이 하면 어떻게 될까? '지금 여기, Here and Now! 행복한 삶을 위해 현재에 집중하라!' 이 말이 사실일까? 몇 가지 질문들이 더 떠올랐습니다.

'다른 사람들도 나처럼 딴생각을 많이 할까?'

'어떤 일을 할 때 딴생각을 가장 많이 할까?'

'딴생각을 할 때와 현재 일에 집중할 때 언제가 더 행복할까?'

이 궁금증을 해결하기 위해 하버드 대학 심리학자 매튜 킬링스워스Matthew Killingsworth와 대니얼 길버트Daniel Gilbert는 아이폰을 사용해서 대규모 실시간 자료를 모았습니다. 나이(18~80세), 직업(80개), 국적(80개), 교육, 연봉, 결혼 등 다양한 조건이 제각각인 사람들 1만 5천 명에게서 65만 개 이상의 실시간 자료를 모았습니다. 전화벨이 울리면 사람들이 대답해야 했던 질문은 다음과 같습니다.

"지금 기분이 어떤가요?"

"지금 무슨 일을 하고 있었나요?"

"혹시 딴생각하고 있었나요? 그랬다면 어떤 딴생각인가요?"

사람들의 답변을 분석한 결과, 평균적으로 47%가 딴생각을 하고 있었습니다. 저만 그런 게 아니었어요. 무슨 일을 하든 상관없이 적어도 30% 이상은 딴생각을 했어요. 샤워나 양치질을 할 때 65%, 운전할 때는 62%, 책을 읽을 때는 43%, 대화할 때는 33%가 딴생각을 했습니다.

그렇다면 일할 때는 얼마나 많은 사람이 딴생각을 할까요? 50%였습니다. 음악을 들을 때(55%)나 산책을 할 때(53%)와 비슷한 수준으로 생각이 딴 곳에 가 있음을 알 수 있어요. 이 사실을 알고 나면 사장님들은 속상하겠지만 딴생각에서 자유롭지 않기는 그들도 매한가지입니다.

딴생각으로 시간을 낭비한다는 사실보다 더 달갑지 않은 것은 딴생각이 행복을 방해한다는 소식입니다. 행복한 삶을 위해 현재에 집중하라! 방대한 조사에서 얻은 결론은 '지금 여기'에 머무르라는 전문가들의 제안을 지지합니다. 내용이 부정적일 때는 말할 것도 없고 중립적인 딴생각을 할 때도 집중할 때보다 더 불행합니다. 심지어 긍정적인 딴생각을 하더라도 집중할 때보다 더 행복하지 않습니다. 결국 딴생각은 어떤 상황에서도 손해 보는 장사입니다.

그래도 가시지 않는 의문이 있어요. 현재 하는 일이 짜증스러운 것이라면 기분 좋은 상상을 하면서 더 행복해지지 않을까요? 그렇지 않습니다. 킬링스워스는 테드 강연에서 운전을 예로 들었습니다. 운전은 즐거운 활동이 아니지만 딴생각을 할 때보다 운전에 집중할 때 더 행복합니다. 왜 그럴까요? 딴생각을 하다가 옆길로 샐 가능성이 많아서 그렇습니다. 과거의 잘못을 후회하고 앞으로 일어날지도 모르는 일을 예상하면서 불안해지는 것이죠.

대체 우리는 왜 이렇게 딴생각을 할까요? 마음이 그렇게 설계되어 있기 때문입니다. 물론 여기에는 순기능이 있습니다. 뭐든 지나친 게 문제겠지요(이 메커니즘의 명암에 대해서는 이어지는 글 〈다 지난 일 곱씹기〉에서 더 자세히 소개하겠습니다).

당장 해야 하는 일에서 도망치고 싶어 딴생각을 할 수도 있어요. 하지만 과거와 미래로 계속 들락거리는 것은 해결책이 아닙니다. 좋은 추억과 장밋빛 미래만 상상한다고 해도 그 도

진짜
존맛탱!
태어나길
잘했다!

피처에서 우리는 더 행복하지 않습니다. 지금 여기에 속한 생각과 감정, 몸의 경험에 집중하는 것이 행복해지는 길입니다.

현재에 집중하는 것은 쉬운 일이 아닙니다. 이 글을 읽고 나서 '딴생각을 없애야지' 라고 마음을 먹어도 딴생각은 늘 스멀스멀 머릿속을 채울 것입니다. 그러니 딴생각에 빠지곤 하는 자신을 나무라지는 마세요. 이 주제를 다룬 저의 유튜브 영상에 이런 댓글이 달렸습니다.

"딴생각은 파란 하늘에 피어오른 구름처럼, 잔잔한 바다에 갑자기 출렁이는 파도처럼 나도 모르게 마음속에서 떠오릅니다."

구름이 나타났다고, 파도가 일렁인다고 나를 비난하지 않듯이 딴생각이 났을 때 나를 탓할 필요는 없습니다. 구름이 나를 다 가리도록, 파도가 나를 삼키도록 대책 없이 빠져 있지만 않으면 됩니다. 잠시 새가 내 머리에 앉았다 날아갈 순 있겠죠. 새가 머리 위에 집을 짓고 살도록 내버려두지만 않으면 됩니다.

배우 김혜자 씨가 드라마 「눈이 부시게」로 상을 받은 후 수상 소감으로 말한 대사의 일부분입니다.
이 말을 기억하고 지금 이 순간을 즐길 수 있는 힘을 얻으면 좋겠습니다.

"후회만 가득한 과거와 불안하기만 한 미래 때문에
지금을 망치지 마세요.
오늘을 살아가세요, 눈이 부시게.
당신은 그럴 자격이 있습니다."

다 지난 일 곱씹기

-불행으로 가는 지름길

우리는 왜 이토록 딴생각을 많이 하는 것일까요? 그리고 딴생각을 많이 하면 왜 더 불행해지는 걸까요? 그 근본적인 이유가 무엇인지 더 자세히 알아보겠습니다.

뇌의 설계와 관련이 있습니다. 딴생각은 다른 말로 마음 방랑mind-wandering입니다. 생각이 현재에 머무르지 않고 과거로 혹은 미래로 돌아다니는 상태입니다. 깨어 있는 시간의 30~50%를 마음 방랑을 하며 보냅니다. 딴생각이라고 다 나쁜 건 아닙니다. 현실 세계에서 일어나지 않은 일들을 상상해야 더 창의적인 아이디어를 얻을 수 있습니다. 때로는 과거를 되짚어볼 필요도 있습니다.

'만약 시간을 돌려서 그때로 돌아갈 수 있다면 어떻게 달리 행동할 것인가?'

이 질문은 상당히 유용합니다. 잘못된 점을 찾아 수정해야 성장할 수 있고 문제 해결 능력도 높아집니다. 마치 공부를 잘하는 학생이 오답 노트를 정리하듯, 우리는 머릿속에서 시간 여행을 하면서 과오를 살펴보고 더 나은 대안을 찾는 과정을 되풀이합니다. 심리학에서는 이 활동을 자기 성찰self-reflection이라고 부르죠.

문제가 되는 딴생각은 잘못된 일에 대해서 반복적으로 생각하는 자기 반추self-rumination입니다. 부정적인 상황이나 잘못된 행동을 계속 되새김질하는 상태입니다. 한 번 소화해서 삼킨 일이면 기억 저편으로 보내야 하는데 마치 소가 된 것처럼 지난 일을 다시 끌어내서 곱씹는 거예요.

반추의 절친은 우울증입니다. 지난 일을 곱씹다 보면 우울해지고, 거꾸로 우울한 사람은 과거 사건을 계속 생각합니다. 지난날에 대한 후회는 미래에 대한 걱정으로 이어집니다. 아직 일어나지 않은 일을 상상하면서 불안해지는 것이죠.

집중할 때보다 딴생각을 할 때 불행한 이유는 대부분의 딴생각이 자기 성찰이 아닌, 자기 반추 혹은 미래에 대한 걱정이기 때문입니다. 도대체 뇌가 무슨 짓을 하기에 틈만 나면 딴생각에 빠지는 것일까요? 브레인 속으로 들어가서 어떤 일이 벌어지고 있는지 알아봅시다.

수학 문제를 풀면 뇌에서 계산을 담당하는 영역들이, 글짓기를 하면 언어를 담당하는 영역들이 활성화됩니다. 그리고 잠시 휴식하는 바로 그 순간, 불을 켜는 뇌 영역들이 있습니다. 이것을 디폴트 모드 네트워크, DMNDefault Mode Network이라고 하는데 뇌과학자 마르커스 라이클Marcus Raichle이 붙인 이름입니다. 어떤 과제에도 집중하지 않을 때 활성화되는 영역입니다. 흥미로운 점은 다시 수학 문제를 풀기 시작하면 DMN이 어두워진다는 사실이에요. 특정 과제를 수행할 땐 해당 기능을 담당하는 각기 다른 영역들이 활성화되다가 쉴 때는 DMN에 다시 불이 들어옵니다.

DMN에 불이 들어왔을 때, 즉 과제를 멈추고 쉴 때 뇌에서는 무슨 일이 일어날까요? 지금 할 일이 없다고 뇌가 멈추는 것은 아닙니다. 눈앞의 과제에서 손을 떼고 휴식하는 바로 그 순

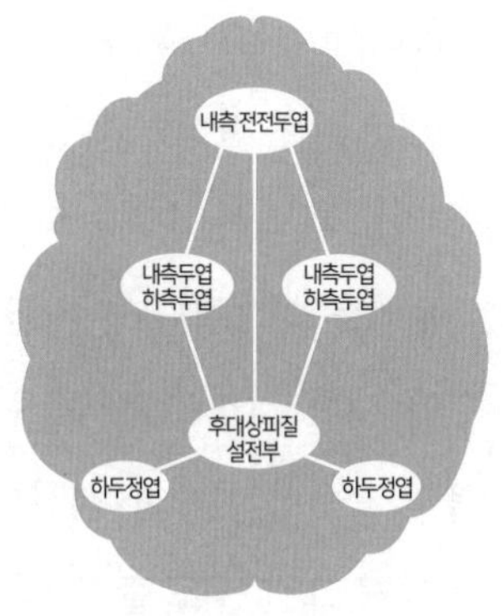

〔DMN : Default Mode Network〕

간에 '상시 대기 중' 이던 DMN이란 녀석이 바로 치고 들어와 '딴생각' 작업을 시작합니다. 이 녀석 덕분에 쉴 때 오히려 마음이 더 복잡해지기도 합니다.

틈만 나면 딴생각을 하는 것은 우리 잘못이 아니에요. 마음 방랑은 인간의 숙명입니다. 이럴 때, 사람들은 무슨 생각을 할까요? 연구에 의하면 딴생각의 대상은 주로 '사람' 입니다. 특히 자기에 대한 생각을 많이 하게 되기 때문에 DMN에 'ME 연결망me-network' 이라는 별명을 달아줘도 이상하지 않습니다. 특이한 뇌 구조를 가진 사람 말고는 누구나 코끼리나 거북이보다는 자기 자신이나 다른 사람들 또는 둘 사이의 관계에 대해서 생각합니다. 인간은 진정 사회적인 존재입니다. 과제에 집중하지 않는 시간을 주로 사람 생각을 하는 데 바치니까요.

DMN 활성화는 자연스러운 현상입니다. 우리가 사회적 유능성과 창의성을 발휘하도록 돕는 순기능도 발휘합니다. 하지만 지나친 활성화는 문제를 일으킵니다. 지난 일에 대한 되새김질 또는 미래의 일에 대한 걱정이 지속되는 것이지요. '아, 내가 그때 왜 그랬을까. 좀 더 신중한 결정을 내렸어야 했는데….', '그 사람은 어떻게 그런 말을 할 수 있지?', '내년엔 문제가 해결될까?'

신경정신의학 전문가인 이베트 쉴라인Yvette I. Sheline 연구팀의 보고에 따르면 우울한 사람의 DMN은 비활성화되어야 하는 순간에도 환하게 불을 켭니다. 반추rumination하면서 자기 생각에 빠져 스스로를 의심하고 비난하는 것이 이들의 특징이죠. 당연히 낮은 자존감에 시달립니다.

반면, 행복감과 안정감을 유지하는 사람들의 DMN은 잠잠한 편입니다. 이 사람들은 현재의 경험에 집중합니다. 그 최고봉엔 명상 수련자들이 있어요. 신경정신의학 전문가인 저드슨 브루어Judson A. Brewer 연구팀은 일반인의 DMN에 비해 명상 수련자들의 DMN 활성화 정도가 낮다는 사실을 알아냈습니다. 심리학에서는 마음챙김mindfulness이라는 개념으로 명상 연구가 진행되고 있는데 이 훈련의 중점 중 하나가 지금 이 순간의 경험에 집중하는 삶입니다.

우리가 왜 딴생각에 빠질 수밖에 없는지, 딴생각이 왜 행복보다 불행에 더 가까운지 설명이 되었나요? 대부분의 딴생각은 자기 성찰이 아닌, 자기 반추 혹은 미래에 대한 걱정입니다. 건강한 자기 성찰은 훈련을 요구하지만 자기 반추나 걱정은 자동적으로 시작되고 멈추기도 쉽지 않죠. 딴생각 끝에 얻는 것은 영감inspiration이 아니라 후회와 불안일 가능성이 높습니다.

집중의 반대가 온전한 휴식이면 좋겠는데, 불행의 그림자를 드리운 마음 방랑일 수 있다니 참 얄궂은 현실입니다. 하지만 적어도 한 가지 위안을 얻을 수는 있어요. 너는 허구한 날 딴생각이냐며 자신을 비난하지 않아도 됩니다.

너무 실망할 필요도 없어요. 딴생각을 제거할 순 없지만 조절할 수는 있습니다. 적절하게 개입하는 기술을 훈련을 통해 터득할 수 있습니다. 제가 쓰는 몇 가지 방법이 있는데 다음 글에서 더 자세히 설명하겠습니다.

오늘의 생각 포인트

- 주로 하는 딴생각은 자기 성찰인가요? 아니면 자기 반추인가요? 가장 위험한 딴생각은 똑같은 사건 테이프를 돌리면서 자책하는 것입니다.

- 과거 생각에 빠져 있을 때 이 질문을 해 보세요.
  '만약 시간을 돌려서 그때로 돌아갈 수 있다면 어떻게 달리 행동할 것인가?'
  이 질문에 답을 얻을 수 있다면 상당히 쓸모 있는 딴생각입니다.
  거꾸로 말하면, 개선점이나 해결책을 찾을 수 없는 딴생각은
  마음을 힘들게 할 뿐입니다.

- 주로 어느 시간대에 사는지 모니터링 해 보세요.
  여러분은 과거에 살고 있나요?
  아니면 생각이 온통 미래에 가 있나요?
  얼마나 현재의 경험에 집중하고 있나요?

  지금 여기, "Here & Now!"
  이것이 행복의 대원칙 중 하나입니다.
  여러분을 응원합니다!

하기 싫은 생각을 멈추는 방법

-장면 전환이 답이다

과거의 일을 반복적으로 생각하는 반추는 나를 우울하게 만듭니다. 그런데 '내가 과거 테이프를 돌리고 있구나' 이걸 깨닫는 순간 생각을 멈추고 싶은데 이게 쉽지 않아요. '생각하지 말아야지' 주문을 외워도 소용이 없습니다. 왜 그럴까요? 멈추려면 어떻게 해야 할까요?

표도르 도스토예프스키Fyodor Dostoevsky의 작품 『여름 인상에 대한 겨울 메모Zimniye zametki o letnikh vpechatleniyakh (1863)』에 이런 구절이 나와요.

"〈흰곰 생각하지 않기〉 과제에 도전해보라. 그러면 그 저주받은 녀석은 매 순간 네 마음속으로 들어올 것이다."

심리학자 대니얼 웨그너Daniel Wegner가 도스토예프스키의 주장이 사실인지 알아보았습니다. 사람들에게 5분 동안 머릿속에 떠오르는 모든 생각들을 녹음기에 대고 소리 내어 말하라고 부탁했습니다.

'억제 조건'에 속한 사람들에겐 '흰곰을 생각하지 말아 주세요'라고 요청했고, '표현 조건'에 속한 사람들에게는 '흰곰을 생각해주세요'라고 했죠. 그리고 모두에게 흰곰이 생각날 때마다 벨을 누르라고 했습니다.

누가 흰곰 생각을 더 많이 했을까요? 흰곰을 생각하지 말라고 요청받았던 '억제 조건'에 속한 사람들이요. 웨그너는 이 현상을 '사고 억제의 반동 효과rebound effect of thought suppression'라고 불렀어요. 왜 이럴까요? '내가 정말 흰곰을 생각하지 않고 있나?' 이걸 점검하기 위해서 아이러니하게도 흰곰 생각을 떠올리게 됩니다.

그럼 하기 싫은 생각을 어떻게 멈출 수 있을까요? 웨그너는 어떤 조언을 했을까요? 이건 잠시 후에 알아보고 더 중요한 마음가짐부터 얘기해 볼게요.

우선, 숨을 깊게 쉬면서 마음을 편안하게 갖는 거예요. 예를 들어 과거의 아픈 실수가 떠오르면 생각을 없애려고 하지 말고 이렇게 말해 보세요.

"아, 또 그 생각이 나네. 그럴 수도 있지. 속상하네."

그냥 인정! 그 생각이 났다는 사실도, 그로 인해 마음이 아픈 것도 담담하게 받아들이는 것입니다. 그리고 자기를 비난하지 말아야 합니다. 자신을 친절하게 대해 주세요. 자기 자비심self-compassion을 갖는 겁니다. 스스로에게 이렇게 말하면 어떨까요?

"그런 실수를 하는 사람이 과연 나뿐일까? 그럴 수도 있지."

웨그너의 조언도 살펴볼까요?

"생각을 억제하지 말고 다른 생각할 거리를 줘라!"

'흰곰을 생각하지 말아야지!' 우선 이 생각부터 버려야 합니다. 웨그너는 실험참가자들에게 "만약, 흰곰이 생각나면 빨간색 폭스바겐을 떠올려 주세요"라고 부탁했습니다. 흰곰 생각을 방해하는 다른 생각거리를 제공하는 것입니다. 흰곰 생각을 억누르는 노력을 버리고 빨간색 폭스바겐을 떠올리기 시작했을 때 참가자들은 흰곰에서 해방될 수 있었습니다.

여러분을 짓누르는 그 생각에서 벗어나려면 새로운 생각거리와 행동이 필요합니다. 가장 멋진 선택은 지금 이 순간 여러분에게 가장 중요한 과제를 찾아서 그 일에 집중하는 것입니다. 머리를 한번 흔들고 할 일을 하는 거예요. 저주받은 그 생각을 없애려고 하는 것보다 더 생산적이고 효과적인 전략입니다. 물론 쉬운 일은 아닙니다. 일에 집중하려고 해도 '그 생각'이 머릿속에서 배경 음악처럼 흐르지요. 이럴 땐 어떻게 해야 할까요?

'장면 전환' 방법을 제안합니다. 일어나서 자리를 옮겨보세요. 장소가 바뀌면 생각도 바뀔 가능성이 높아집니다. 새 장소에서 기분이 좋아지는 일을 해 보면 어떨까요? 가벼운 책을 읽

잡생각이 많을땐
나가서 걷는게
최고야!
난 신발끈
묶다보니
잡생각이
다 사라졌어

거나 취향 저격의 영상을 봐도 좋겠죠? 혼자 있었다면 친구를 찾아 말을 걸어 보세요. '한 장면에 머물지 않기'가 포인트입니다. 내가 영화의 주인공이라고 생각하고 장면 전환을 만들어 보세요.

몸을 쓰는 일도 좋습니다. 아주 가벼운 운동을 추천합니다. 몸을 움직이면 마음도 달라져요. 한 시간씩 하지 마시고요, 실내에서 5분만 해보세요. 충분합니다. 아니면 5분 동안 산책해 보세요. 행복감이 상승합니다. 한동안 컬러링북이 인기를 끌었습니다. 무념무상의 힐링 타임을 제공한답니다. 제 지인은 가구를 만듭니다. "톱질하는 동안은 신기하게 아무 생각도 나지 않습니다" 이렇게 말하는 그의 표정이 편안해 보였어요.

장기적인 솔루션으로는 명상을 추천합니다. 연구에 의하면 명상은 원치 않는 딴생각을 통제할 수 있는 능력을 길러 줍니다. 명상을 배우지 않았더라도 '지금 여기'의 내 경험에 집중해 볼 수 있습니다. 눈에 보이는 풍경, 귀에 들리는 음악, 향긋한 커피 냄새, 사랑하는 사람의 체온, 나의 느린 호흡 소리를 느껴 보세요.

혹시 이런 생각 하시나요? 그거 다 해 봤는데, 소용없더라! 그래요, 어려운 일이지요. 그러나 이런 작은 시도를 '반복' 하는 것이 핵심입니다.

'앗, 이번엔 잘 안 되네. 오케이. 그렇다면 다시 한 번 더!'

이런 식으로 스스로에게 마음의 여유 공간을 허락해 보세요. 처음 몇 번의 시도에서 기대한 효과를 얻지 못하더라도 포기하지 않는 것이 중요합니다. 괴로운 생각에 빠져 있는 시간과 빈도를 확실히 줄일 수 있습니다.

- 하기 싫은 생각이 자꾸 떠오르나요?
  숨을 깊게 쉬면서 마음을 편안하게 가지세요. 자신을 친절하게 대해 주세요.

- 생각을 억제하지 말고 대체 행동을 찾아서 실행해 보세요.

- 장면 전환을 모색해 보세요.

오늘도 여러분을 응원합니다!

화날 때, 어떻게 해야 하나요?

-마음이 힘들 땐 호흡을 바꾸자

얼마 전 운전을 하다가 욱했던 일이 있었습니다. 갑자기 차가 팍 끼어들어서 사고가 날 뻔했습니다. 이럴 땐 어떻게 해야 화가 풀릴까요? 제 지인은 자동차 경적을 빵빵 울리면서 '이런 개나리' 라고 외치면 열이 좀 가라앉는대요. 여러분이 사용하는 감정 조절 방법은 무엇입니까? 가장 간단하고 효과적인 방법을 소개하겠습니다.

2019년 말, MBC 예능 프로그램 「나 혼자 산다」에 방송인 허지웅 씨가 출연했습니다. 한동안 무척 아팠는데 건강한 모습으로 돌아와서 다행이었습니다. 그에겐 마음의 평정심을 유지하는 게 몸의 회복을 위해 정말 중요한 과제였답니다. 화가 날 때마다 그가 어떤 방법을 사용해서 스트레스를 다스렸는지 한번 볼까요? 길게 심호흡을 하면서 입에서 나쁜 기운을 빼내는 듯한 동작을 반복해서 했습니다. 그리고 이런 말을 했습니다.

"스트레스가 저한테 참 안 좋거든요. 화가 나면 가슴이 뜨거워지더라고요. 심호흡을 하면서 입에서 화기(火氣)를 빼내는 동작을 하니까 진짜 빠져나간다는 생각이 드는 거예요. 그럼 거짓말같이 화가 잘 안 나요. 그냥 바로 다른 생각을 하게 돼요."

깊고 긴 호흡은 학문적으로 입증된 감정 조절 방법입니다. 불안하고 화가 나면 근육이 긴장하면서 얕은 숨을 빠르게 쉬게 됩니다. 그러면 피 속의 산소가 줄어들고 스트레스가 더 올라갑니다. 그렇게 되면 산소를 확보하려고 숨을 더 빨리 쉬겠죠? 그럼 산소량이 더욱 낮아집니다. 스트레스가 점점 많아지는 악순환이 벌어집니다.

선순환을 만들려면 이렇게 하면 됩니다. 느리게 숨을 쉬면 충분한 산소가 확보되면서 안정화 시스템이 작동합니다. 근육이 이완되고 분노도 가라앉습니다. 그러면 좀 더 느리게 숨을 쉴 수 있습니다. 스트레스가 점점 낮아지는 선순환이 일어납니다.

잠시 감정emotion에 대해 얘기해 볼까요? 감정을 느끼면 행동이 달라집니다. 예를 들면 행복하면 웃습니다. 얼굴 표정이 달라지는 것이지요. 감정을 연구한 뇌과학자 안토니오 다마지오Antonio Damasio는 이렇게 말했습니다.

> "Emotion is Motion!"
>
> 감정은 행동이다!

감정은 관찰할 수 없는 추상적인 상태를 의미하지 않습니다. 감정의 가장 중요한 구성 요소는 행동입니다. 행복이라는 감정엔 미소라는 행동이 포함되어 있어요. 이 말에 담긴 깊은 뜻은 행복과 미소 사이에 양방향 화살표가 존재한다는 사실입니다. 즉 행복하면 웃고(행복 → 미소), 즐겁지 않아도 웃는 표정을 지으면 행복하게 됩니다(미소→ 행복).

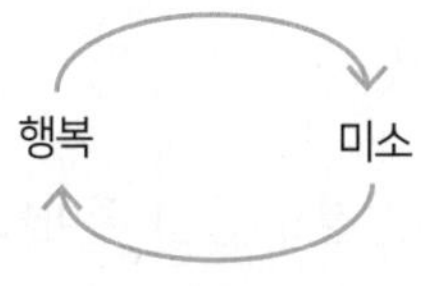

화가 나면 숨이 빨라지고, 숨을 계속 빠르게 쉬면 화가 가라앉지 않는 것도 같은 이치입니다. 느리게 숨을 쉬는 것이 감정 조절과 스트레스에 얼마나 중요한지 한 걸음만 더 들어가 보도록 하겠습니다.

'심박 변이도heart rate variability'는 심장이 빨리 뛰었다 느리게 뛰었다 하는 변동의 크기를 말합니다. 따박따박 1초에 한 번씩 심장이 뛴다면 심박 변이도가 매우 낮은 것입니다. 그러면 안정적이어서 좋을 거 같지만 그렇지 않습니다. 이 수치는 높은 것이 좋습니다. 상황에 따라 심장이 빨리 혹은 느리게 뛰면서 유연하게 잘 대처한다는 의미이기 때문입니다.

외부에 위협이 나타나면 심장이 빨리 뛰어야 합니다. 그래야 빨리 행동할 수 있습니다. 자동차로 치면 엑셀을 확 밟을 줄 아는 것을 말합니다. 그러다가 또 진정할 필요가 있으면 잠깐만, 잠깐만 하면서 브레이크를 밟아 심장 박동을 늦출 줄도 알아야 합니다.

심박 변이도는 심장 박동을 촉진하는 교감신경보다 심장 박동을 억제하는 부교감신경 기능이 얼마나 잘 작동하는지에 따라서 영향을 받습니다. 간단히 말해 브레이크를 잘 밟을 줄 알아야 심박 변이도가 높습니다. 스트레스와 감정을 잘 다스리면서 상황에 유연하게 대처한다는 뜻입니다.

그렇다면 심박 변이도를 높일 수 있을까요? 가능합니다. 숨을 천천히 쉬면 됩니다. 지금부터 틈만 나면 숨을 느리게 쉬어 보십시오. 앞서 언급한 사례처럼 화가 날 때 또는 불안할 때 숨을 느리게 쉬면 마음이 더 빨리 편안해집니다. 화가 나지 않을 때도 생각날 때마다 숨을 느리게 쉬면 심박 변이도가 높아지면서 감정 조절 능력이 향상됩니다.

한 가지만 더 이야기하겠습니다(하아, 또 제 설명 본능이 터지고 있어요). 연구에 의하면 스트레스를 받는 순간뿐만 아니라 휴대폰이나 컴퓨터를 들여다보고 있을 때도 숨을 얕게 빨리 쉽니다. 우리는 필요 이상으로 숨을 빨리 쉬며 살고 있습니다. 깊고 긴 호흡은 몸과 마음의 건강에 정말 중요합니다.

다음으로 미루지 마시고 지금 1분만 연습해 보면 어떨까요? 마음이 편해지는 느낌이 금방 올 것입니다. 대개 1분 당 호흡

수는 12~20번 정도인데, 이걸 4~6회 정도로 낮춰 보는 것입니다. 그러니까 한 호흡이 10~15초 정도 걸리는 것이지요.

허리를 조금만 세우고 팔다리를 편안하게 한 다음 코로 숨을 깊게 들이쉬고 살짝 열린 입술로 천천히 길게 내쉬는 것입니다. 절대로 숨을 참지 말고 편안하게 천천히 완전하게 내쉬면 됩니다.

1분 동안 숨을 느리게 쉰 것뿐인데 편안함이 느껴지지 않나요? 목에서 깔딱깔딱 얕은 숨을 쉰다는 것을 긴 호흡을 연습한 후에야 깨닫게 되었습니다. 화가 날 때 가끔은 귀엽게 '개나리'를 외칠 수도 있지만 느리고 깊은 호흡으로 마음을 진정시켜 보세요. 더 건강하고 행복해집니다.

- 깊고 긴 호흡은 효과적인 감정 조절 방법입니다.

- 느린 숨을 쉬면 산소가 확보되면서 안정화 시스템이 작동합니다.

- Emotion is Motion!
  감정의 핵심 요소 중 하나는 행동입니다.
  편안한 감정엔 느린 호흡이 포함되어 있어요.
  편안함과 느린 호흡 사이에는 양방향 화살표가 존재합니다.
  편안함을 느끼면 느리게 호흡하고
  반대로 느리게 호흡하면 마음이 편안해집니다.

- 1분에 4~6회 정도 느린 호흡으로 심박 변이도를 높여 보세요.
  스트레스에 더 유연하게 대처할 수 있습니다.

  여러분을 응원합니다!

3장

서로를 이해하는 연습이 필요할 때

공감 심리학

한입

좋은 첫인상을 남기고 싶다면

-대면의 첫 찰나 0.1초 안에 해야 할 이것

첫인상의 핵심이 이 두 문장에 담겨 있습니다.

'첫인상은 생각이 아닌 감정이다.'
'첫인상은 말의 내용이 아닌 표정으로 결정된다.'

상대방이 나에 대한 첫인상을 형성하는 데 시간이 얼마나 필요할까요? 제가 이 질문을 하면 의도를 간파하고 1초라고 대답하는 분들이 많습니다. '설마 이것보다 더 짧겠어?' 라고 생각하는 것 같습니다.

프린스턴 대학의 심리학자 알렉산더 토도로프Alexander Todorov에 따르면 1초의 10분의 1, 즉 0.1초면 첫인상 형성이 가능합니다. 그는 실험에 참가한 사람들에게 0.1초 동안 사진을 보여 주고 이런 질문을 했습니다.

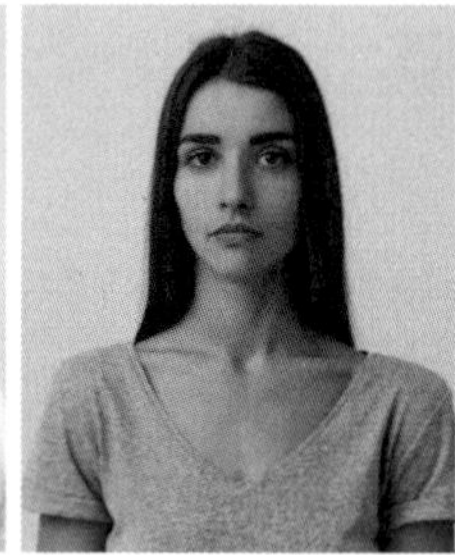

"사진 속의 이 사람, 신뢰할 수 있나요?"

얼굴이 제대로 보이기나 할까 싶은 짧은 순간이지만 잘 모르겠다고 말한 사람은 없었습니다. 그 짧은 순간에 신뢰 여부를 판단하고 '예 혹은 아니요'로 대답할 수 있었어요.

그런데 다음이 더 흥미롭습니다. 사진 속 얼굴을 원하는 만큼 실컷 봐도 된다고 말해 준 조건이 있었습니다. 이 통제 조건을 0.1초 조건과 비교했습니다. 그런데 결과는 0.1초 본 것과 대답이 상당히 비슷했습니다. 오래 본다고 판단이 달라지지 않았던 것입니다.

'첫인상이 결정되는 데 걸리는 시간은 0.1초!'

이 말의 의미는 심오합니다. 첫인상이 분석이 아닌 느낌에 가까운 경험이라는 것을 말해 줍니다. 상대방의 특성을 지각하고 생각하는 과정을 거쳐 내린 결론이 아니라 그야말로 '느낌적인 느낌'이라는 것이지요.

첫인상은 생각의 뇌가 끼어들 틈도 없이 '감정의 뇌'가 반응한 결과입니다. 감정의 뇌는 안쪽에 위치한 오래된 뇌로 변연계limbic system라는 이름을 가지고 있습니다. '생각의 뇌'는 바깥쪽 껍질에 해당하는 대뇌피질cerebral cortex을 이릅니다. 기억과 사고, 분석과 추론, 성찰과 자기 조절 등의 고급스러운 작업을 담당하죠. 신중하고 느린 생각의 뇌가 간섭하기 전에, 번개보다 더 빠른 감정의 뇌가 상대방에 대해 내린 판단이 첫인상입니다.

0.1초 안에 첫인상 형성이 가능한 이유는 우리 뇌의 편도체 amygdala 덕분입니다. 편도체는 감정을 처리하는 기관입니다. 감정의 뇌에서 가장 널리 알려진 셀럽 격인데 부정적인 정보에 특히 민감합니다.

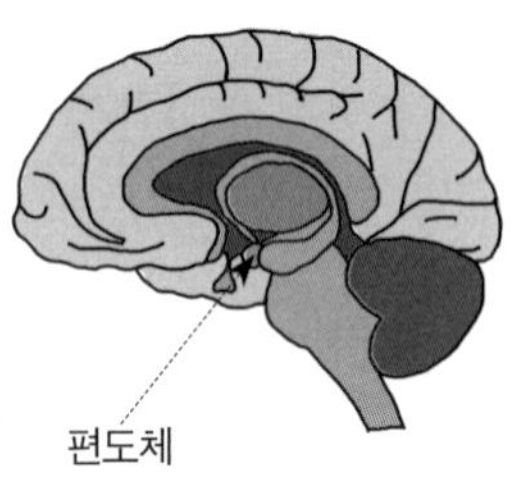

위협적인 자극, 예를 들어 집채만 한 멧돼지가 갑자기 눈앞에 나타나면 편도체가 흥분합니다. 이때 공포와 불안을 느끼게 되고 냅다 줄행랑을 치게 됩니다. '생각이고 뭐고 다 필요 없고 일단 튀어!' 편도체가 나에게 이런 신호를 보내는 것이죠. 신중한 판단보다 신속한 행동이 필요한 상황에서 편도체는 나의 생존 가능성을 높여 줍니다.

그런데 편도체는 사람의 얼굴 표정에도 민감해요. 두려움이나 불안, 짜증, 분노 등의 부정적인 감정이 담긴 상대방의 얼굴 표정을 보면 편도체가 불을 켭니다. 행복감이나 편안함 등의 긍정적인 감정이 담긴 얼굴을 보면 편도체가 잠잠하죠. 이 순간 내가 경험하는 '느낌적인 느낌'이 바로 첫인상입니다.

심리학자 폴 웰렌Paul Whalen은 사람들에게 흑백으로 대충대충 그린 눈 이미지를 보여 주었습니다. 그것도 0.017초 동안만이요. 0.1보다도 훨씬 더 짧은 시간이죠. 너무 찰나여서 뭐가 나타났다 휙 사라졌다는 사실조차 인식할 수 없는 시간입니다. 그런데 편도체는 순식간에 사라진 눈 자극에 담긴 부정적인 정보를 포착해냅니다. 이 정도면 초능력 아닌가요?

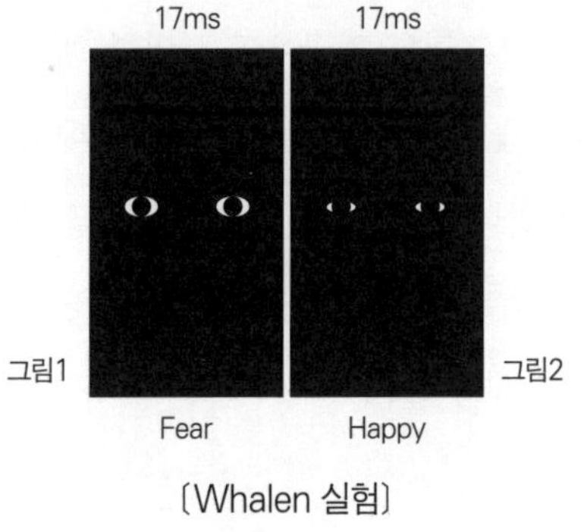

〔Whalen 실험〕

1번과 2번 그림 중 어느 조건에서 편도체가 흥분할까요? 이 두 이미지는 눈 흰자의 크기에서 차이가 납니다. 두려운 표정

(1번)을 지을 땐 눈 흰자가 커집니다. 웃는 표정(2번)을 지을 때는 흰자의 크기가 작아지죠. 편도체는 눈 흰자의 크기에 민감해요. 흰자가 큰 1번 이미지 조건에서 실험 참가자들의 편도체가 불을 켰습니다.

얼굴 전체도 아니고 정교한 사진도 아니었어요. 정확히 말하면 눈처럼 생겼다고 주장하는 성의 없는 이미지가 단 0.017초 동안 제시되었을 뿐입니다. 그런데 그 눈에 어떤 감정이 들어 있는지 알아내는 슈퍼 파워가 우리 안에 있습니다.

중요한 이야기는 지금부터 시작입니다. 내가 무심코 짓는 표정에 혹은 나의 무표정한 얼굴에도 불안함, 두려움, 분노의 힌트가 있을 수 있습니다. 이때 내 얼굴은 상대방에게 위협적인 자극이 되는 것입니다. 그러면 나를 보는 그 사람의 편도체가 불을 켭니다. 그리고 의식하지 못한다 하더라도 이렇게 생각합니다.

'저 사람은 왠지 신뢰할 수 없어.'
'함께 있기 싫어.'
'이 자리를 빨리 떠야지.'

"이 사람을 신뢰할 수 있나요?"

이 질문에 대답하기 위해서는 오랜 시간이 필요한 것이 사실입니다. 사람을 겪어 보지 않고 그의 인격을 어떻게 믿을 수 있나요. 그러나 단 0.1초 만에 신뢰 여부를 판단할 수 있는 것도 사실입니다. 첫인상이 좋다 혹은 인상이 나쁘다, 이 느낌은 생각할 틈을 주지 않는 대단히 빠른 판단입니다.

좋은 첫인상을 남기고 싶은가요? 상대의 편도체를 자극하지 말아야 합니다. 방법은 아주 간단합니다. 웃으면 됩니다. 내 얼굴에서 사람들이 행복의 힌트를 볼 수 있도록 스마일! 마음의 준비를 하셨다가 대면의 첫 찰나에 활짝 웃어 주세요.

잘 알지만 말처럼 쉽지 않은가요? 맞습니다. 습관이 필요한 일이에요. 하지만 입꼬리를 살짝 올리는 일에 돈이 들어가는 것도 아니니 아끼지 말고 웃어 줍시다!

오늘의 생각 포인트

첫인상은 생각이 아닙니다.

0.1초 안에 상대가 나에게 느끼는 첫 감정입니다.

나의 말이 아닌 표정으로 결정됩니다.

그러니 환하게 웃어 주세요.

이미 알고 계시죠?

여러분이 웃을 때 정말 아름답다는 사실이요.

오늘도 여러분을 응원합니다!

사람들이 나를 좋아하게 만드는 가장 효과적인 방법
-경청으로 마음 전하기

사람들이 나를 좋아하게 만드는 가장 효과적인 방법은 무엇일까요? 잘 듣는 사람 '굿 리스너good listener'가 되는 것입니다. 대인관계에서 경청보다 더 핵심적인 요소가 있을까요? 상호 이해와 소통은 '잘 듣기'에서 시작됩니다. 경청 행위가 대화 상대에게 전달하는 신호는 매우 따뜻합니다.

'당신을 알고 싶어요.'
'당신의 의견이 나에게 매우 중요합니다.'

관심과 존중의 메시지를 받은 상대는 나를 어떻게 생각할까요? 머지않아 나를 향해 마음의 문을 열 것입니다. 잘 듣는 사람은 어떻게 '행동' 할까요? 비언어적 행동과 언어적 행동, 두 가지로 나눠서 살펴보겠습니다. 비언어적 행동을 다섯 가지로 정리하고 외우기 쉽게 이름도 붙여 봤습니다. 'ENDSA' 라고요. 「겨울왕국」의 엘사가 아니라 '엔드사' 로 기억하면 됩니다.

〔비언어적 행동〕

1. Eye contact : 시선 맞추기
2. Nodding : 고개 끄덕이기
3. Direction : 몸의 방향 맞추기
4. Smile : 웃는 표정 짓기
5. Affirmation : 지지의 추임새 넣기

첫 번째, 시선 맞추기eye contact. 눈을 충분히 맞추고 있는지 살펴야 합니다. 제 경험을 나누자면, 어떤 분과 대화를 할 때면 마치 제가 중요한 사람이 된 듯한 기분이었어요. 말의 내용이 특별하지 않았는데도 늘 그렇게 느끼는 이유가 뭘까 궁금했는데 나중에 깨달았습니다. 상대의 눈을 유독 오랫동안 지긋이

응시하는 그분의 행동 때문이었습니다.

두 번째, 고개 끄덕거리기nodding. 이 단순한 행동으로 상대방을 안심시킬 수 있습니다. 간단하면서도 매우 효과적인 방법이죠.

세 번째, 몸의 방향direction을 맞추는 게 중요합니다. 아주 짧은 대화도 마찬가지입니다. 일하고 있을 때 누가 말을 걸면 어떻게 하시나요? 몸은 컴퓨터를 향하고 고개만 돌려 대화하지는 않나요? 잠시 자판에서 손을 내려놓고 완전히 몸을 돌려 상대를 바라보는 게 좋습니다.

네 번째는 웃는 표정 짓기smile. 설명이 필요 없지요. 가장 명백한 호감 표현인데, 더불어 추가적인 외모 상승효과도 있습니다. '왜 그런지 나는 몰라~ 웃는 여잔 다 이뻐~' 혹시 이런 가사를 가진 옛날 노래를 기억하시나요? 가사를 살짝 바꾸면 정말 맞는 말입니다. 웃는 사람은 다 이뻐!

마지막으로, 지지의 추임새 넣기affirmation. 확인과 지지의 표현을 의미합니다. 상대의 말에 지지를 표현하는 추임새 같은 것을 말합니다. 예를 들면 '그렇지! 맞아 맞아!' 이런 것들입니다. 내 이야기에 '우와! 대박이야!'를 자주 외치는 친구를 떠올려 보세요.

오늘부터 Good listener가 될거야.
경청이 중요하대
얘기해봐 다 들어줄게
난 들을준비 돼있어
어서 말을 하라니까?
왜 말을 안해?
티셔츠도 샀다구
입좀 다물어라…
그..그래..

사실 다른 말없이 이것만 잘해도 경청에서 고득점이 가능합니다. 상대방의 말에 무조건 동의해야 한다는 뜻은 아닙니다. '아휴 저런, 그랬구나' 이런 추임새로 상대방을 이해하고 있음을 표현해 주면 됩니다.

잘 듣는 사람들은 엔드사ENDSA를 합니다. 지금까지 경청의 비언적 요소를 훑어보았고, 이제 언어적 요소들을 살펴보도록 하겠습니다. 잘 듣는 사람들은 어떻게 말할까요? 세 가지 요소가 있습니다.

〔언어적 행동〕

1. 말 안 하기
2. 말 돌려주기
3. 질문하기

첫째, 말 안 하기. 입을 닫고 들을 수 있어야 합니다. "선생님, 친구에게 속상한 제 마음을 털어 놓았는데 아무 말도 않고 계속 듣기만 하는 거예요." 입을 닫는다는 것은 이런 의미는 아닙니다. 말 안 하기에 담긴 세 가지 숨은 뜻은 이런 것입니다.

• **말 안 하기 : ① 내 이야기 삼가기**

상대가 어떤 이야기를 꺼내면 5분 들어주고 자기 이야기를 30분 넘게 하는 사람들이 있습니다. "아이고, 말도 마, 나는 어땠는지 알아?" 이렇게 하지 않는 것을 뜻합니다. 대화의 중심에 나를 놓지 않는 것을 의미합니다. 그러기 위해서는 '말 다이어트'가 필요합니다. 꼭 필요한 알짜배기 말만 하기 위해서 제 지인은 '한 번에 2분 이상 얘기하지 않기' 규칙을 만들어 지키고 있다고 했습니다.

• **말 안 하기 : ② 조언하지 않기**

요청하지 않은 조언만큼 난감한 불청객이 있을까요? 경청의 반대말은 일장 연설입니다. 지식과 경험이 풍부하고 지위가 높은 사람이 최악의 리스너가 될 확률이 높습니다. 조언할 거리가 많으니까요.

상대방이 내 조언을 원하지 않는 경우가 생각보다 훨씬 많습니다. 나의 조언이 상대에게 도움이 되지 않는 경우가 거의 대부분입니다. 이 사실을 알아차리는 것이 경청의 중요한 첫걸음입니다.

• **말 안 하기 : ③ 주제에 머물기**

딴 이야기를 하지 않는 것. 커뮤니케이션 학자 그래함 바디 Graham D. Bodie의 연구에서 경청의 언어적 요소 중에서 가장 중요한 것이 바로 이것이었습니다. 상대가 꺼낸 주제에 머물러야 합니다. 누군가 내 이야기를 이렇게 들어 주면 얼마나 좋을까요? 입장을 바꿔 놓고 생각해보면 금방 답을 알 수 있습니다.

경청의 언어적 요소 중 두 번째는 '말 돌려주기' 입니다. 핵심 단어를 복사해서 다시 돌려주는 것입니다. 예를 들어 친구가 이렇게 이야기했습니다. "한동안 힘들었는데 지금은 편안해졌어. 그동안 책을 많이 읽었는데 도움이 되더라고." 그러면 핵심 단어를 그 친구에게 돌려주는 것입니다. "책에서 영감을 얻고 편안해졌구나." 그러면 친구는 이해받고 있다고 느끼게 됩니다.

세 번째는 '적절한 질문하기' 입니다. 내가 집중해서 상대 이야기를 듣고 있을 때 비로소 유효한 질문을 할 수 있습니다. "특별히 마음에 와 닿은 책의 내용이 뭐였어? 편안해진 후에 생활이 어떻게 달라졌어?" 이렇게요. 그러면 친구는 다시 한 번 자신의 생각을 정리할 수 있는 기회를 얻게 됩니다. 그래함 바디가 이런 표현을 했습니다.

'경청 지능listening intelligence'

나의 '경청 지능' 지수는 어느 정도 될까요? 듣기는 매일 사용하지만 가장 훈련이 안 된 대인 관계의 기술입니다. 오늘 만났던 사람과의 대화를 떠올려 보세요. 대부분의 대화 시간을 말하기에 썼다면 '5 : 5 규칙'을 추천합니다. 적어도 상대방보다 내가 더 많이 말하지 않는 것이지요.

경청을 적극적으로 연습해 본 적이 없다면 오늘부터 시작할 수 있습니다. 내 이야기에 귀를 기울여주는 사람. 누구나 이런 사람을 원합니다. 나와 마주 앉은 바로 그 사람이 원하는 바도 다르지 않습니다. 경청은 가장 아름다운 방식으로 그를 존중하고 위로하는 행위입니다.

- "당신은 내게 중요한 사람입니다."
  경청할 때 여러분은 상대에게 이 메시지를 온몸으로 전달하고 있는 것입니다.

- 경청이 어렵게 느껴진다면 우선 ENDSA를 시도해 보세요.
  이것만 잘해도 무척 훌륭합니다.

- 상대방보다 내가 더 길게 이야기하는 건 아닌지 예민하게 살펴보세요. '5:5 규칙'을 적용해볼 만합니다.

- 여러분은 오늘 대화에서 어떤 질문을 던졌나요?
  경청하는 사람은 좋은 질문을 합니다.

오늘도 여러분을 응원합니다!

오해를 푸는 마법의 주문

-무슨 일이 있었겠지

다른 사람의 행동이 거슬릴 때 혹은 섭섭하거나 이해되지 않을 때 관계를 지키면서 내 마음을 달래주는 마법의 주문이 있습니다.

'무슨 일이 있었겠지.'

이 주문이 왜 유효한지 살펴보도록 하겠습니다. 내가 약속시간에 늦었을 때 늘 하는 말이 있습니다.

"미안해~ 차가 너무 막혔어. 일은 오늘따라 왜 이렇게 늦게 끝나는 거야."

그런데 친구가 약속 시간에 늦으면 나는 속으로 이런 생각을 합니다.

'지난번에 늦더니 오늘도 늦었군. 좀 일찍 출발하지. 쟤는 매번 꾸물거려.'

'차가 너무 막혀서, 혹은 일이 많아서 늦었나 보다' 이런 생각은 잘 나지 않습니다.

딸이 어렸을 때 따끔하게 혼낸 적이 있습니다. 네 살짜리가 집을 나갔지 뭐예요. 물론 가출은 아니고 옆집 언니랑 동네 한 바퀴 돌고 싶었던가 봅니다. 어른들이 다 동원되어 20분 만에 딸아이를 찾았는데 그때를 생각하면 지금도 끔찍합니다. 다시는 그런 짓을 하지 못하도록 아주 많이 혼내 줬습니다.

그랬던 제가, 길거리에서 아이를 야단치는 부모를 보면 '아휴, 애가 뭘 그렇게 잘못했다고 불같이 화를 내시나? 너무 무서운 부모야' 이런 생각을 합니다. 제가 네 살짜리를 혼내는 현장을 누가 봤다면 분노조절 장애를 의심했을 것입니다. 그때 제가 제정신이 아니었거든요.

참 별것 아닌 일을 설명할 때도 이 편향이 작용합니다. 한 번은 제가 어떤 사람과 거리를 걷고 있었는데 그 사람이 자꾸 뭔가에 걸려서 넘어지려고 했습니다. 그 순간 '이 사람 무슨 문제가 있나? 다리가 부실한가? 주의력이 떨어지나?' 하는 생각이 들었습니다.

그런데 사실은 제가 자주 발을 헛디딥니다. 그럴 때는 "아니 길바닥이 왜 이래?" 하면서 꼭 돌아다봅니다. 누가 물어보지도 않았는데 '여러분, 오해하지 마세요. 바닥이 울퉁불퉁해서 넘어질 뻔했다고요' 라고 말하고 싶은 거죠. 같은 행동인데 내 행동과 남의 행동은 이렇게 다르게 보입니다.

내 잘못은 상황 탓으로, 남의 잘못은 본인 탓으로 생각합니다. 남의 행동은 그 사람의 성향disposition으로 귀인합니다. 이것을 내적 귀인internal attribution이라고 합니다. '게을러서 매번 늦어', 이렇게 말입니다.

그런데 나의 행동은 상황situation으로 귀인을 합니다. 외적 귀인external attribution입니다. '차가 막혀서 늦었어'라고요. 귀인이란 결과의 원인을 찾는 과정을 말합니다. 이렇게 서로 다른 원인으로 나와 남의 행동을 설명하는 현상을 '행위자 관찰자 편향actor observer bias'이라고 합니다.

제가 강의를 위해 어느 학교를 방문했는데 빔 프로젝터가 망가져 있었습니다. 당연히 강의 분위기가 어수선해지고 말았습니다. 저는 빔 프로젝터 때문에 망했다고 생각했습니다. 산만한 강의를 상황 탓으로 외적 귀인을 한 것이지요.

그런데 제 강의를 들은 학생들은 빔 프로젝터가 망가졌다는 사실은 고려해 주지 않습니다. 그들에게는 제가 성의 없이 강의를 준비한 사람일 뿐입니다. 마음이 나빠서가 아니라 다른 사람의 행동을 그의 성향으로 내적 귀인하는 경향성 때문입니다.

왜 이럴까요? 각자의 눈에 보이는 것이 달라서 그렇습니다. 제 눈에 보이는 것은 망가진 빔 프로젝터지만 청중의 눈에 보이는 것은 강의하는 사람이기 때문입니다. 행위자의 눈에는 상황이 보이고, 관찰자의 눈에는 행위자가 두드러지게 보입니다.

같은 상황에서 각자의 경험이 이렇게 다릅니다.

"무슨 일이 있었겠지."

이 주문은 행위자의 '상황'을 떠올리도록 도와줍니다. 행위자의 '성향'에 매몰되어 있는 우리의 좁은 시각을 순식간에 넓혀 줍니다. 그를 둘러싼 삶의 조건들, 그가 당면한 현실의 문제들, 그 내막을 소상히 알 순 없어도 짐작할 순 있습니다. 누구나 고민거리를 한 다발씩 머리에 이고 사니까요. 다른 사람에게 섭섭함을 느낄 때, 그의 행동을 이해할 수 없을 때, 이렇게 나지막하게 말해 보세요.

"무슨 일이 있었겠지."

'덤벙대는 성격 때문이 아니라 업무가 넘쳐서 실수한 거야. 나를 무시하는 게 아니라 눈앞에 닥친 일을 처리하느라 바로 연락을 못한 거야. 인색해서가 아니라 어떤 이유가 있어서 지금 돈을 아껴야만 하는 거야. 열의가 없는 게 아니라 제대로 설명을 듣지 못해서 준비를 못한 거야.'

생일 축하해!
너의 얼굴모양으로
직접 만든
케익이야!
고.. 고마워!
내가 이렇게 생겼나?
무슨 일이 있었겠지
꽈당
그럴 수도 있지
열심
열심
너랑 닮은 인형이야!

사실 이 주문의 최대 수혜자는 상대방이 아닌 우리 자신입니다. 불편한 마음이 사라지면서 평안이 찾아오거든요. 상대방을 오해할 때 우리는 스스로에게 상처를 입히곤 합니다. 머릿속에서 혼자 북 치고 장구 치는 거죠. 누군가를 미워하다가 섭섭해하다가 결국 '내가 찌질해서 이런 취급을 받는 것이구나' 라고 잘못된 결론을 내립니다. 이처럼 어리석은 일이 또 있을까요?

상대를 배려하면서도 내 마음이 고요해지는 이 마법의 말을 기억해 주세요.

"무슨 일이 있었겠지."

내 잘못은 상황 때문이고
남의 잘못은 그 사람의 성향 때문이라고 생각하면
마음이 편할 때가 많습니다.
결국 나는 악의가 없는 좋은 사람이고
일이 잘못된 책임은 모두 다른 사람에게 있으니까요.

그러나 이 편향적 사고 양식은 오해를 부르고
오해는 나를 아프게 합니다.
누군가에게 섭섭할 땐 이렇게 말해 보세요.

"무슨 일이 있었겠지."
"그럴 수도 있지."
"나도 그런 적 있었잖아."

오늘도 여러분을 응원합니다.

우리는 왜 서로 이해하지 못할까?

-너와 내가 가진 정보의 차이

우리는 왜 서로를 이해하지 못할까요? '내가 아는 나'와 '남들이 아는 나'는 다릅니다. 나와 남이 가진 정보가 달라서 그렇습니다.

이 차이를 쉽게 이해할 수 있는 방법이 뭘까 고민하다가 심리학자 하이디 그랜트 할버슨Heidi Grant Halvorson의 강의를 듣게 되었는데 아주 간단하게 설명을 하더군요. 그 내용을 수정해서 제 강의에서 소개했는데 반응이 괜찮았습니다. 의사소통 상황에서 나와 남이 어떤 정보를 갖고 있는지 살펴보겠습니다.

	사용 가능한 정보	나	다른 사람
내가 가진 정보	나의 생각	O	X
	나의 감정	O	X
	내 역사/소망/의도/계획	O	X
남이 가진 정보	내 얼굴 표정	X	O
	내 몸짓/행동	▲	O
	내 목소리 톤	▲	O

O: 안다 ▲: 반반 X: 모른다

〔내가 가진 정보〕 겉으로 드러나지 않는 내적 정보

〔남이 가진 정보〕 겉으로 드러난 관찰 가능한 정보

나는 내가 머릿속에서 어떤 생각을 하고 있는지 알지만 남은 모릅니다. 내가 느끼는 감정도 다른 사람은 알 수 없지요. 어떤 개인적 역사를 가지고 있는지, 소망이 무엇인지, 어떤 의도를 가지고 살며, 어떤 계획을 세웠는지 나는 알지만 남이 이것을 알 것이라고 기대할 수는 없습니다.

얼굴 표정은 어떤가요? 이건 자신보다 남이 더 잘 압니다. 나는 내가 어떤 표정을 짓고 있는지 모르지만 남은 내 표정을 볼 수 있습니다. 몸짓과 행동도 마찬가지입니다. 남들은 나의 모습을 전체적으로 볼 수 있지만 나는 '유체이탈'을 하지 않는

한 그럴 수 없습니다. 그래서 자기가 어떤 제스처를 취하는지 정확하게 인식하지 못할 때가 있습니다.

저는 제가 고개를 오른쪽으로 살짝 기울이고 이야기한다는 것을 최근에 찍은 영상을 보고 알았습니다. 목소리 톤도 마찬가지입니다. 자신의 목소리를 녹음해서 들으면 좀 다르게 느껴집니다. 때로는 목소리의 톤이 높아지는 걸 모를 수도 있습니다. 그래서 작은 분쟁이 일어나기도 합니다. "왜 화를 내?", "내가 언제 그랬어!", "방금 짜증나는 말투로 얘기했잖아!"

내가 가진 정보와 남이 가진 정보가 이렇게 다릅니다. 그러니 우리가 서로를 이해하는 것은 쉬운 일이 아닙니다. 167쪽 표에서 드러나듯이, 내가 가진 정보는 생각, 감정, 의도와 소망 같은 보이지 않는 내적 정보입니다. 남이 가진 정보는 얼굴 표정, 몸짓, 목소리처럼 겉으로 드러난 관찰 가능한 정보입니다. 이 차이를 이해한다면 자신을 표현할 때 결국은 남들이 사용하는 정보, 즉 비언어적 표현에 집중해야 한다는 사실을 알 수 있습니다.

우리는 자신의 생각과 감정, 의도를 언어적 표현을 통해 전달하고자 애씁니다. 중요한 대화를 하기 전엔 전달하고자 하는 내용을 머릿속에서 정리해 두기도 합니다. 그런데 거울 앞에서 연습하는 사람은 거의 없습니다. 말하고픈 내용을 미리 녹음해서 들어 보는 사람도 별로 없습니다. 그런데 아주 가끔은 그래야 할 이유가 있습니다.

UCLA 사회심리학자 알버트 머레비안Albert Mehrabian이 수행한 고전적 연구를 소개합니다. 소통에서 무엇이 가장 중요한지 살펴보았더니 말의 내용이 7%, 목소리 톤이 38%, 바디 랭귀지가 55%의 비중을 차지했습니다.

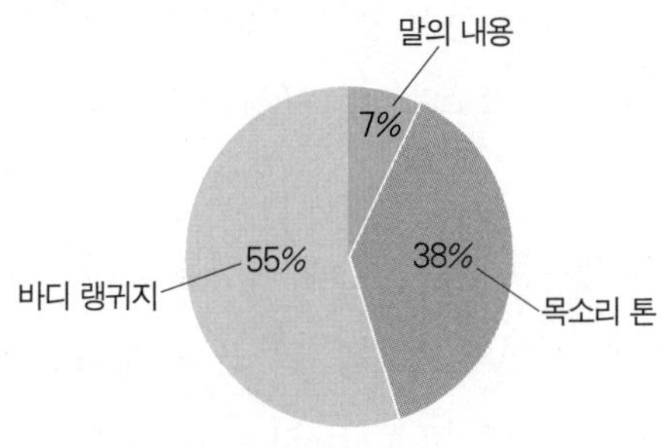

〔알버트 머레비안의 연구 결과〕

매우 오래된 연구 결과인데, 현재도 이 법칙이 여전히 유효할까요? 비교적 최근의 후속 연구에서도 말의 영향은 10% 미만이었습니다. 상대방이 나에 대해 어떤 태도를 갖게 될지는 입에서 나오는 말보다 얼굴 표정과 몸의 움직임, 음색과 말투, 목소리의 높낮이와 속도에 의해 결정됩니다.

물론 머레비안의 규칙이 모든 상황에 적용된다고 생각한다면 그건 오해입니다. 말의 내용이 훨씬 더 중요할 때도 많습니다. 연희동 맛집의 위치와 대표 메뉴를 소개하는 정보 전달 상황이라면 언어적 정보가 더 중요하죠.

그러나 생각 외로 비언어적 요소가 소통을 좌우할 때가 많습니다. 감정이나 태도를 전달하는 장면에서 특히 그렇습니다. 언어적 메시지와 비언어적 메시지가 불일치하는 경우엔 비언어가 언어를 이겨 버립니다. 예를 들어 맛있다고 말하면서 얼굴을 찡그리는 경우, 우리는 말보다 얼굴 표정을 더 신뢰합니다.

나는 남들이 볼 수 없는 생각과 감정을 통해 자신을 이해합니다. 그리고 이 내면의 세계를 '말'을 통해 타인에게 전달하고자 노력합니다. 어떤 '표정'을 짓고 있는지는 모른 채, 어떤 '문장'을 사용할지를 고민합니다. 그런데 다른 사람들은 언어가 아닌 '비언어적 표현'을 통해 나를 이해합니다. '너와 내가 가진 정보가 다르다'는 이 사실을 놓치고 있는 건 아닐까요? 소통을 원한다면 이 차이에 조금은 민감해질 필요가 있습니다.

'무엇을 말하는가'보다

'어떻게 말하는가'가 더 중요할 때가 많습니다.

어떤 눈빛으로 상대방을 쳐다보는지,

습관적으로 어떤 제스처를 취하는지,

어떤 목소리 톤으로 말하는지, 알고 있나요?

이제부터 적절한 표정과 몸짓, 말투로 여러분을 표현해 보세요.

'내가 아는 나'와

'남이 아는 나' 사이의 간극이

줄어들 것입니다.

여러분을 응원합니다!

나는 판단 가능한 사람일까?

-사람 볼 줄 아는 눈보다 더 중요한 이것

혹시 이렇게 생각한 적이 있나요?

"나는 왜 이렇게 사람 보는 눈이 없을까? 내 친구는 잘만 보던데."

"저 사람, 딱 보니까 각이 나오네" 이렇게 말하는 친구, 실제로 사람의 성향과 의도를 잘 파악하는 판단력 뛰어난 친구가 주변에 있습니다. 부러울 뿐입니다. 그런데 정말 나와 내 친구의 판단 능력이 크게 다를까요?

심리학자 로렌 휴먼Lauren Human과 제레미 비산스Jeremy iesanz의 연구를 살펴보겠습니다.

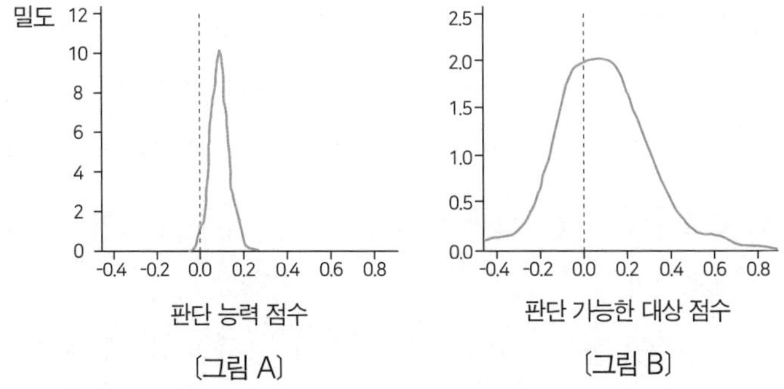

〔그림 A〕 〔그림 B〕

그림 A는 '판단 능력good judge' 점수의 분포입니다. 남을 정확하게 판단하는 능력을 말하는 것으로 '지각적 정확성perceptive accuracy' 이라고도 표현합니다.

그런데 좋은 판단 능력 점수는 최고 점수와 최저 점수 사이에 큰 차이가 없는 좁은 분포를 보입니다. 이것이 의미하는 바는 타인을 판단하는 능력의 측면에서 사람들이 별로 다르지 않다는 것입니다. 즉, 판단력이 좋아 봤자 거기서 거기라는 얘기죠. 판단 능력이 좋아 보이는 내 친구와 나 사이엔 사실 큰 능력 차이가 존재하지 않습니다.

그림 B는 '판단 가능한 대상good target' 점수의 분포입니다. 그림 A보다 훨씬 더 넓은 분포를 보입니다. 여기서는 개인차가 큰

데 실제 성격과 취향, 가치관 등에 대한 판단이 가능한 사람들이 있는가 하면 도대체 어떤 사람인지 판단하기 어려운 사람들도 있다는 뜻입니다. 이 점수가 낮은 사람은 타인에게 종종 이런 말을 듣습니다. "난 네가 무슨 생각을 하고 뭘 원하는지 정말 모르겠어."

이 점수가 높은 사람은 그 반대입니다. 주변 사람들은 그가 누구인지 이해하고 있다고 생각합니다.

"나는 네가 이 문제에 대해서 어떻게 생각하고 느끼는지 알 것 같아."

이것을 '판단가능성judgeability' 이라고 부릅니다. 성격 심리학자 데이비드 펀드David Funder가 제안한 용어입니다.

휴먼과 비산스가 알아낸 또 다른 흥미로운 사실은 판단 가능한 사람이 더 적응적이고 행복하다는 것입니다. 개인의 삶과 일 모두에서 더 큰 만족감을 누립니다. 감정을 억누르지 않고 적절히 표현하니까 스트레스가 적습니다. 자신이 무엇을 선호하는지, 어떤 성격적 특성이 있는지, 어떤 소망을 가지고 있는지 드러내니까 자신에게 적절한 것이나 원하는 바를 얻을 가능성이 많습니다.

판단 가능한 사람은 타인의 호감을 얻습니다. 도대체 혼자 무슨 생각을 하는지 그 속을 알 수 없는 사람보다 왠지 이해할 수 있을 것 같은 사람을 마주했을 때 우리가 편안함과 익숙함을 느끼기 때문이지요. 자신을 먼저 개방하면 타인도 마음을 열 가능성이 높아집니다. 그래서 다른 사람들과 친밀한 관계를 맺고 도움과 지지도 더 많이 받습니다.

자신이 스스로를 이해하는 방식으로 타인도 자기를 이해해 주니까 자아개념의 혼란으로 인해 괴로워할 가능성이 별로 없습니다. 확고한 자기 인식을 가지고 진정성 있는 모습으로 살고 있다고 느끼므로 신체적, 심리적으로 더 건강합니다.

판단 가능성을 높이려면 어떻게 해야 할까요? 심리학자 펀드의 제안을 한마디로 하면 '나에 대한 정보를 줘라' 입니다. 관련 있는 정보를 주되 상대가 이를 감지할 수 있도록 해야 합니다.

'말하지 않아도 이 정도 눈치를 줬으면 알겠지' 라고 짐작하기보다는 원하는 바를 정확한 언어로 전달하는 직접적 대화를 시도할 수 있습니다. 언어적 표현뿐만 아니라 비언어적 표현도 충분히 활용하고 있는지 점검이 필요합니다.

무엇보다 생각과 감정을 표현할 때 두려워하지 말아야 합니다. 예를 들어 혼자만의 시간이 필요한 시점에 친구나 동료들이 빈번한 만남을 요청한다면 솔직한 마음을 전달할 수 있습니다. 바빠서, 아파서 빠지겠다는 핑계를 대기보다는 "오늘은 혼자 있는 시간이 필요해요. 다음에 함께 합시다"라고 이해를 구할 수 있습니다.

'나는 왜 이렇게 사람 보는 눈이 없을까?' 이렇게 자신의 판단 능력을 탄식하면서 실망하지 말자고요. 독심술가도 아니고, 타인이 자신에 대한 정보를 적절하게 제공하지 않는데 그가 어떤 사람인지 어떻게 알 수 있을까요?

'나는 사람 보는 눈이 있어' 보다 더 중요한 것은 '나는 판단 가능한 사람인가?' 입니다. 지각적 정확성perceptive accuracy보다 더 챙겨야 할 것은 표현적 정확성expressive accuracy입니다. 이를 위해 다른 사람들에게 적절한 정보를 제공해 주세요. 더 행복해질 것입니다.

"내가 누군지 남들이 다 알도록 나를 드러내고 싶지 않아요. 불편합니다. 진짜 모습에 실망할 사람도 있고 약점을 이용하려 드는 사람도 있을 거예요" 이렇게 생각할 수 있습니다.

그런데 판단 가능성을 높이라는 말은 온 세상 사람들을 향해 자신의 모든 것을 다 드러내라는 조언이 아닙니다. 다양한 이유로 우리는 진짜 속내를 숨길 수 있고 어떤 때는 그렇게 해야만 합니다. 다만, 이 말을 하고 싶은 것입니다.

'소중한 사람들로부터 오해받지 말고 이해받으며 살아가기.'

사랑하는 가족과 친구들, 함께 일하는 동료들, 여러 가지 모양으로 나와 연결된 사람들이 내가 어떤 사람인지 판단할 수 있을 때 더 행복한 삶을 살 수 있습니다.

오늘도 여러분을 응원합니다!

친해지고 싶은 사람에게 따뜻한 차를 건네야 하는 이유

-체화된 인지

우리의 몸과 마음은 어떻게 연결되어 있을까요? 인생에서 가장 따뜻했던 그리고 가장 차가웠던 시절을 떠올려 보세요. 예를 들면 이런 이야기처럼 말이지요.

"사랑하는 사람이 있었어요. 따뜻한 사람이었죠. 그 사람과 함께할 때면 늘 훈훈한 온기가 내 몸을 감싸는 것만 같았어요. 그런데 언제부터인지 둘 사이가 냉랭해졌어요. 어느 날 이런 연락을 받았죠. '할 얘기가 있어' 왜 슬픈 예감은 틀리지 않는 것인지. 헤어지자고 하더군요. 찬물을 뒤집어쓴 것처럼 마음이 얼어붙었어요."

연인의 관심과 사랑이 쏟아지는 순간은 불꽃처럼 뜨겁다고 하고, 거절과 배신의 순간은 얼음처럼 차갑다고 표현합니다. 그런데 우리는 이 말을 글자 그대로 받아들이지는 않습니다. 사랑하는 사람이 지긋이 바라봐 주면 실제로 몸에서 열이 나고 거절당하면 몸이 얼어붙는다고 생각하진 않아요.

그런데 이런 표현들이 단지 문학적인 비유만은 아닙니다. 많은 연구에 따르면 글자 그대로 타인과의 관계에 따라 춥거나 따뜻하게 느끼기 때문입니다.

심리학자 첸 보종Chen-Bo Zhong과 제프리 레오나르델리Geoffrey Leonardelli의 연구에 따르면 외로울 땐 실제로 더 춥게 느낍니다. 방의 온도를 3도 정도 더 낮게 지각합니다.

그런데 단지 느낌만이 아니라 체온이 내려가는 건 아닐까요? 심리학자 한스 이저만Hans IJzerman 연구팀은 사람들에게 소외감을 느끼도록 설계된 게임을 시켰습니다. 그리고 24번에 걸쳐 체온을 측정했어요. 놀랍게도 실제로 사람들의 체온이 점점 내려갔습니다. 외로울 때의 쌀쌀함은 그저 느낌이 아니었던 것입니다.

어떻게 이런 현상이 일어날 수 있을까요? 여러분에게 '체화된 인지embodied cognition'를 소개합니다. 이 분야를 연구하는 학자들은 몸의 경험에 따라 생각이 달라진다고 말합니다. 대부분의 사람들은 '생각은 뇌가 하는 거지, 몸이 어떻게 생각을 바꿔? 몸은 그냥 뇌가 명령하는 대로 움직이는 거야'라고 생각합니다. 하지만 체화된 인지 연구는 달리 말합니다.

"몸이 뇌에 정보를 주는 거야. 몸이 생각을 바꾸기도 한다고!"

체화된 인지에 대해 가장 널리 알려진 연구를 하나 살펴보겠습니다. 심리학자 로렌스 윌리엄스Lawrence Williams와 존 바지John Bargh는 엘리베이터를 타고 4층에 있는 실험실로 사람들을 데리고 가면서 이런 부탁을 했습니다.

"가방에서 서류를 꺼내야 하니 제가 들고 있는 이 컵을 잠시 동안 들어 주실 수 있나요?"

한 조건에서는 사람들에게 따뜻한 커피를 건네주었고, 다른 조건에서는 차가운 커피를 건네주었습니다. 실험실에 도착한 후, 사람들은 연구자로부터 A라고 불리는 한 인물에 대한 설명을 듣습니다. 그리고 이런 질문을 받았습니다.

"A는 어떤 사람 같은가요?"

따뜻한 커피를 들고 있던 사람들은 차가운 커피를 들고 있던 사람들보다 A에 대해 더 많은 호감을 느꼈습니다. 내 손이 따뜻할 땐, 상대방이 더 따뜻한 사람처럼 느껴집니다. 신체적인 온기가 정서적 온기로 전환된 것입니다.

'아, 이 사람은 따뜻하고 친절한 사람이야. 성격이 좋아 보여.'

제가 아는 교수님은 이 연구 결과를 보시더니 '한마디로 골때리는 사실'이라고 했습니다. 상대방은 변한 것이 없고, 달라진 것은 내 손에 들린 컵의 온도일 뿐인데, 다른 사람에 대한 평가가 달라지다니! 추운 겨울 날, 구직자들은 면접관의 손에 따뜻한 커피가 들려 있기를 기도해야겠습니다.

과학자들이 뇌를 들여다보았더니 우리 몸이 느끼는 물리적인 온도와 심리적인 온도, 둘 다 뇌의 한 영역이 처리하고 있었습니다. 바로 '섬엽insula' 이라는 부위입니다.

전기담요와 같은 따뜻한 물건을 만질 때 섬엽이 불을 켭니다. 그런데 가족, 친구에게 따뜻한 마음을 전할 때도 이 친구가 불을 켭니다. 차가운 물건을 들고 있을 때도, 파트너에게 배신당했을 때도 모두 섬엽이 반응을 합니다.

모든 나라의 언어에서 물리적인 언어 비유metaphor를 사용해서 마음을 표현합니다. 따뜻한 사람, 냉혈한, 차가운 눈빛, 훈훈한 손길. 영어로도 warm-hearted, cold-blooded라고 하죠. 추상적이고 심리적인 개념인 사랑과 구체적이고 신체적인 경험인 따뜻함은 분리되어 있지 않습니다. 몸과 마음은 생각보다 더 강하게, 더 복잡하게 연결되어 있습니다.

외로움이 체온을 낮춘다고 했습니다. 그렇다면 따뜻한 찻잔을 쥐고 있을 땐 외로운 마음이 좀 나아질까요? 그렇습니다. 기분이 좋아집니다.

심리학자 첸 보종과 제프리 레오나르델리가 알아낸 또 다른

우울할 땐
따뜻한 울면!
난 복잡하니까
볶음밥!

사실은 왕따를 당했다고 느끼면 차가운 음료수보다 따뜻한 커피나 수프를 더 선호하게 된다는 점이에요.

존 바지와 이디트 샬레브Idit Shalev의 연구에 따르면 깊은 외로움을 느끼는 사람일수록 뜨거운 물로 목욕을 더 자주 더 오랫동안 합니다. 사람들은 무의식중에 이 연결고리를 알고 있습니다. 심리적인 외로움을 신체적인 따뜻함으로 달랠 수 있다는 것을 말입니다.

몸이 달라지면 마음도 달라집니다. 물론, 몸과 마음이 어떻게 연결되어 있는지 밝히는 것은 결코 쉬운 일이 아닙니다. 전체 그림을 알기까지 아직 갈 길이 멉니다. 그러나 많은 연구를 통해서 몸이 뇌의 명령에 따라 움직이는 수동적인 장치가 아니라 생각을 바꾸는 중요한 역할을 한다는 것을 알 수 있었습니다.

마음이 차가울 땐 몸을 따뜻하게!

찬바람 부는 겨울 날, 으슬으슬한 가을 날
외로울 때면 따뜻한 차를 마셔 보세요.
여러분을 차갑게 내버려 두지 마세요.
몸을 조금 더 따뜻하게 돌봐주면
마음도 따끈해질 것입니다.

친해지고 싶은 사람이 있다면
따뜻한 음료를 권해 보세요.
그의 손에 따뜻한 핫팩을 쥐여 줘도 좋습니다.
연인과 헤어져 외로워하는 친구에겐
스웨터를 선물하면 어떨까요?
더 다정한 사람으로 다가갈 수 있을 것입니다.

내 이야기를 청중이 듣게 하는 방법

-프레젠테이션, 이것만 기억하자

'두 배우의 결별 사연은 바쁜 스케줄 때문!'

이런 머리기사 보셨나요? 이렇게 쓰지 않습니다. '두 배우가 결별한 이유는?' 이렇게 씁니다. 물론 기사 내용은 너무 바빠서 이별했다는 것입니다. 결국 뻔한 이야기인데도 질문을 들으면 '왜 그랬지?' 하고 궁금해집니다. 이것이 포인트입니다.

프레젠테이션 할 때 듣는 사람들의 관심을 끌 수 있는 아주 간단한 방법이 있습니다.

'진술문 No, 질문 Yes.'

왜 그런지 좀 더 자세히 알아보도록 하겠습니다. 우선 책 하나 소개할까 합니다. 스탠퍼드 대학의 경영학자인 칩 히스Chip Heath와 베스트셀러 작가인 댄 히스Dan Heath, 이 두 형제가 쓴 『스틱Made to Stick』입니다. 전달하려는 메시지가 상대의 귀에 딱 달라붙게 만드는 방법을 알려 줍니다. 이 책에 행동경제학자 조지 로웬스타인Jeorge Lowenstein의 '정보 공백 이론information gap model'이 나옵니다.

이 이론에 따르면 호기심은 불편한 상태입니다. 배고픈 것처럼 말입니다. 배가 고파야 음식을 찾듯이 정보 결핍을 느껴야 이야기를 듣습니다.

추리소설을 읽다 보면 '대체 누가 죽인 것인지, 누가 훔친 것인지' 너무 궁금해지는 시점이 있습니다. 범인을 모르는 이 상태가 바로 정보 공백 상태입니다. 이 불편함을 해소하려면 어떻게 해야 하나요? 계속 소설을 읽을 수밖에 없지요. 메시지를 전달할 때 기억할 점은 다음과 같습니다.

설명과 요약 정보 전달이 나의 미션이다? 아니죠. 정보 공백을 만들어 결핍감을 느끼도록 만드는 것이 나의 미션입니다.

그렇다면 어떻게 공백을 만들 수 있을까요? 질문하면 됩니다. 먼저 상대방이 모르고 내가 아는 것이 무엇인지 파악하는 것이 중요합니다. 예시를 하나 드리겠습니다. 다음 A와 B 중에서 어떤 방식으로 말하고 싶은지 골라 보십시오.

A : 35세 이하의 관객들은 고객의 40%를 차지하고 있지만 후원 비율은 높지 않습니다. 그래서 이들을 타깃으로 정했습니다.

B : 어째서 우리 고객의 40%를 차지하는 35세 이하의 관객층이 후원 기금은 조금밖에 내지 않는 것일까요?

차이가 드러나지요? B처럼 질문할 때 '앗, 정말 왜 그럴까?' 생각을 시작하게 됩니다. 그런데 주의할 점이 있습니다. 엄청나게 큰 정보 공백은 오히려 호기심의 불씨를 꺼 버립니다. 아무것도 모르는 사람은 아무것도 궁금하지 않습니다. 이럴 때는 배경 지식을 제공해서 정보 공백의 크기를 줄여 주어야 합니다. 예를 들면 이렇게 할 수 있습니다.

"WHO가 선정한 세계 10대 건강식품은 무엇일까요?"

열 개나 대답해야 하면 막막합니다. 이럴 때는 8개를 짠~하고 주는 것입니다. ①귀리 ②토마토 ③블루베리 ④연어 ⑤녹차 ⑥레드와인 ⑦견과류 ⑧시금치. 그리고 이렇게 질문합니다. “나머지 두 개는 무엇일까요?” 여러분, 이거 관심 없었는데 질문을 받으니 좀 궁금해지지 않았나요? 정답은 마늘과 브로콜리입니다.

여기서 잠깐, 짜증나게 하는 질문을 하면 안 됩니다. 어떤 것이 짜증스런 질문일까요? 첫 번째는 맥락을 상실한 질문입니다. 예를 들면 ‘사랑이 뭘까요?’, ‘어떻게 하면 성공할까요?’ 이런 것들입니다. 망망대해에서 헤매게 하는 질문이기 때문입니다.

두 번째는 ‘내 마음을 맞춰 봐 질문’입니다. ‘제가 가장 좋아하는 색깔이 뭘까요?’ 이런 거 아무도 궁금하지 않습니다.

세 번째는 ‘누굴 바보로 알아 질문’입니다. ‘밴쿠버 올림픽 피겨에서 금메달을 딴 선수는 누구죠?’ 이런 것은 대답하기도 싫습니다. 정보 공백이 안 만들어지기 때문입니다.

「웨스트 윙The West Wing」, 「머니 볼Moneyball」, 「어 퓨 굿 맨A Few Good Men」 등의 각본을 쓴 미국의 극작가 아론 소킨Aaron Sorkin이 이런 말을 했습니다.

“작가로서 당신이 저지를 수 있는 최악의 범죄는 관객들이 이미 아는 것을 말하는 것이다.”

프레젠테이션도 이와 크게 다르지 않습니다.

<내 이야기를 청중이 듣게 하는 방법>

- 듣는 그들은 모르지만 내가 아는 것이 무엇인지 파악한다.
- 설명과 요약, 정보 전달이 나의 미션이다? No!
  정보 공백을 만드는 것이 나의 미션이다! Yes!
- 공백이 너무 클 때는 배경 지식을 제공한다.
- 짜증나는 질문은 하지 않는다.

- 프레젠테이션은 '1 : 다수'의 소통입니다.
  연사와 청중이 서로를 이해하는 과정입니다.
  이 규칙을 활용해서 여러분이 던지는 메시지에
  청중이 공감하도록 만들어 보세요.
  멋진 발표자가 되는 여러분의 모습을 응원합니다.

4장

시간 관리의 기본기를 잡아 주는 한입 성공 심리학

내가 중요한 일을 못 하는 이유

-단순긴급성 효과

"뭐 하느라 이렇게 바쁜지 모르겠다. 코앞에 닥친 일을 처리하다 보면 하루가 다 가는데, 결국 남는 게 없어."

친구와 사는 이야기를 나누다 보면 서로 이런 푸념을 주고받을 때가 있습니다. 바쁘게 열심히 일한 건 분명한데, 손에 쥔 결과물이 없을 때가 많습니다. '아, 이 일을 해내느라 바빴구나' 라고 인정할 만한, 그 무언가를 찾을 수 없을 때 답답해집니다.

혹시 중요한 일을 미뤄두고 급한 일에만 매달리는 경향성이 우리에게 있는 것은 아닐까요? 존스 홉킨스 대학의 경영학자 멩 주Meng Zhu 연구팀이 이것을 알아보았는데, 단순긴급성 효과mere urgency effect를 확인할 수 있었습니다. 일의 중요성보다는 긴급성에 더 민감하게 반응하는 현상을 말합니다.

멩 주가 이를 연구하게 된 배경에는 마음 아픈 스토리가 있습니다. 하루는 친한 친구가 말기 암에 걸렸다는 소식이 들려왔습니다. 항상 바빴던 그 친구는 몸이 조금씩 이상 신호를 보내는데도 병원에 가는 일을 차일피일 미뤘던 것이지요. 늘 급한 일이 있었기 때문입니다. '중요한 일에 조금만 더 시간을 쓰면 좋았을걸' 이런 안타까운 마음에 연구를 진행하게 되었습니다.

연구에서 실험 참가자들에게 과제 A 또는 B 중 하나를 선택해서 수행해 달라고 부탁했습니다. 난이도는 똑같았습니다. 과제 A에는 6점을 주고, 과제 B에는 10점을 준다고 했지요.

여러분은 어떤 선택을 하겠습니까? 당연히 과제 B일 것입니다. 보상이 더 많으니까요. 그런데 '과제 A는 10분 안에' 끝내야 하고 '과제 B는 24시간 안에' 끝내야 한다고 말해 주면 상황이 달라집니다. 정말 놀랍게도 보상이 적지만 빨리 끝내야 하는 과제 A를 선택하는 사람들이 있습니다. 그것도 31.1%나 됩니다.

현실 세계에서 누가 일을 재촉하면 거절하기가 부담스러워 나에게 손해인 것을 알면서도 부탁을 수용할 수 있습니다. 그런데 이 실험 상황에는 아무런 사회적 압력이 없었습니다. 신경 써야 할 상하 관계도, 갑을 관계도 없는 이 실험 상황에서조차 보상을 더 많이 주는 과제 B를 마다하고 급하게 끝내야 할 과제 A를 선택하는 이유는 무엇일까요?

사람들은 일의 중요성보다 긴급성에 더 민감합니다. '급하다' 는 말에 자동적으로 반응합니다. '빨리 끝내 주세요' 라는 부탁은 강력한 힘을 발휘합니다. 그래서 더 큰 보상이 기다리고 있는 중요한 과제를 제쳐두고 급한 일에 몰두하는 비합리적인 선택을 반복하게 됩니다. 시간에 쫓기다 보니 스스로에게 핵심적인 질문을 던질 여유가 없습니다. 이 일이 얼마나 중요한지, 이것보다 더 중요한 일이 무엇인지에 대해 생각하지 않는 것이지요.

그런데 이런 경향성이 가장 심한 사람은 누구일까요? 자신이 바쁘다고 생각하는 사람입니다. 이 사람은 할 일은 많은데 시간이 없는, 시간 빈곤에 시달립니다. 과제들의 상대적 중요성을 판단할 만한 심리적 자원이 없는 상태입니다.

"아우, 바빠 죽겠네. 정신이 하나도 없다!"

이런 말을 입에 달고 사는 사람일수록 긴급한 일에 민감하게 반응합니다. 이 상태에선, 가장 손쉬운 방법으로 일의 우선순위를 결정하게 됩니다. 데드라인이 닥친 일을 리스트의 상단에 올리는 것이지요. 기한이 아직 멀었거나 혹은 아예 없는 중요 과제는 늘 뒷전으로 밀립니다.

그러다 가끔씩, 정작 중요한 일들을 외면하고 사는 자기 모습과 마주치는 순간이 찾아옵니다.

'바쁜데, 뭐 하느라고 바쁜지는 잘 모르겠어!'

이를 깨닫게 되는 순간 '이렇게 열심히 사는데 어디서부터 잘못된 것일까?' 라는 생각에 어찌할 바를 모르기도 하고, 열심히 살아 보았자 다 무슨 소용이 있냐며 의욕을 상실하기도 합니다.

'단순긴급성 효과' 에서 어떻게 빠져 나올 수 있을까요?

중요한 일을 할 수 있도록 장치를 마련하면 됩니다. 저절로 되지 않는 일이라면 시스템을 만들어 그 안에 나를 집어넣어야 합니다. 예를 들어, 금요일 오전 시간만큼은 '전혀 급하지 않지만 매우 중요한 일'을 하는 데 쓸 수 있습니다. 매일 업무를 시작하기 전에 20분만 중요한 일을 할 수도 있습니다. 직원들이 근무 시간의 10~20%를 지시받은 일이 아닌 원하는 일에 쓰도록 권장하는 기업들의 사례를 들어본 적이 있을 것입니다. 같은 맥락의 이야기입니다.

단순긴급성 효과를 기억합시다. 급하지 않지만 중요한 일에 고정된 시간을 투자해 봅시다. 삶의 결실이 달라질 것입니다.

엄마 어머! 이건 사야해! 오늘까지 세일 이래!!
친구 이번모임 장소, 어디로 예약할까?
e
회사동료 메일 보면 연락 주세요
타부서 공지 월요일 회의 참석 가능 할까요?
다들 좀만 기다리라구!
매주 이 시간 만큼은 찐 중요한 일을!
오호~ 강력한 보호막~

여러분은 무엇 때문에 바쁘게 살고 있는지요?

급한 일을 하느라 바쁜가요, 중요한 일을 하느라 바쁜가요?

급한 일이 아니라 중요한 일을 하면서

인생을 살면 좋겠습니다.

오늘도 여러분을 응원합니다.

성실하게 일하지만 성과를 내지 못한다면?

-도망간 내 시간 찾아오기

"내게는 두 종류의 일이 있다. 급한 일과 중요한 일이다. 그런데 급한 일은 대체로 중요하지 않고 중요한 일은 대체로 급하지 않다."

이 멋진 말을 한 사람은 미국 34대 대통령 드와이트 D. 아이젠하워Dwight D. Eisenhower입니다. 늘 바쁘게, 성실하게 일하는데도 성과가 신통치 않나요? 아이젠하워 매트릭스를 사용해서 시간을 어떻게 쓰고 있는지 분석해 볼 수 있습니다.

	급한 일	급하지 않은 일
중요한 일	①중요하고 급한 일 별명 : 닥치고 할 일 방법 : 집중할 것	③중요하지만 급하지 않은 일 별명 : 인생 과업 방법 : 습관을 만들 것
중요하지 않은 일	②중요하지 않지만 급한 일 별명 : 쓸데없이 바쁜 일 방법 : 최소화할 것	④중요하지도, 급하지도 않은 일 별명 : 쓸데없는 짓 방법 : 제거할 것

〔아이젠하워 매트릭스〕

일의 종류는 네 가지입니다. 1번은 급히 처리해야 할 중요한 일입니다. 이런 일은 다들 집중해서 잘합니다. 우리가 시간을 낭비하는 항목은 2번과 4번, 즉 급하든, 그렇지 않든 '중요하지 않은 일'입니다. 반면 정작 노력을 투입해야 할 3번, 중요하지만 급하지 않은 인생 과업엔 시간을 내주는 데에 인색합니다.

〔중요하지 않지만 급한 일〕 맘이 약한 사람이 많이 하는 일

중요하진 않지만 급한 일의 별명은 '쓸데없이 바쁜 일'입니다. 시간을 잡아먹는 사소하고 급한 일들은 대부분 스스로 계획하고 주도하는 '능동적인 일active work'이 아니라 타인의 요청에 대응하는 '반응적인 일reactive work' 입니다.

엄청 바쁜 하루를 보냈는데 며칠 후에 무슨 일을 했는지조차 잘 기억나지 않는다면 나의 일이 아니라 남의 일을 하느라 많은 시간을 쓰고 있을 가능성이 높습니다. 나의 꿈을 이루는 일에 최소한의 시간도 투자하지 못한 채 남의 목표를 달성하는 일에 대부분의 에너지를 빼앗기고 있을지도 모릅니다.

"오늘까지 부탁드려요!!!"

이렇게 누가 급하다고 하면 우리는 자동적으로 반응합니다. 앞에서 '단순긴급성 효과'에 대해 알아보았죠. 다른 사람이 재촉하는 일은 그 일의 실제적 중요성과 상관없이 우선순위 No.1이 되어 버립니다.

안타깝게도 심성이 여리고 성실한 사람이 이런 압박에 취약합니다. 각종 문의, 회의 참석 요구, 문서 작업 부탁 등 수시로 끼어드는 다양한 요청 사항들을 처리하다 보면 하루가 흘러가 버립니다. 결국 남의 일을 하느라 바쁜 한 해를 보낸 이 착한 사람은 연말 인사 고과에서 좋은 평가를 받지 못하게 됩니다.

다른 사람을 신뢰하지 못하는 사람도 쓸데없이 바쁩니다. 김

대리로 불리는 부장님을 떠올리면 됩니다.

"내가 확인을 안 하면 여기저기 사고가 터져."

사소한 일에 참견하느라 큰일을 할 겨를이 없습니다. 아이젠하워는 이런 일을 어떻게 처리했을까요? 부하 직원에게 위임함으로써 최소화했을 것입니다.

"내가 안 챙기면 애 상태가 엉망이 돼 버려."

모든 걸 다 챙겨줘야 직성이 풀리는 엄마는 사소한 뒤치다꺼리에 지쳐 정작 아이가 어떤 고민에 빠져 있는지 눈치를 챌 겨를이 없습니다.

다크써클이 턱밑까지 내려오도록 바쁘게 산 사람은 생산적인 하루를 보냈다는 착각에 빠집니다. 하지만 안타깝게도 그 사람이 한 일은 결국 중요하지 않은 잡일입니다. 너무 바쁜가요? 스스로에게 질문할 수 있습니다.

'나는 나의 일을 하느라 주로 시간을 쓰고 있는가? 아니면 남의 일을 하느라 많은 시간을 쓰고 있는가?'

중요하지 않지만 급한 일을 최소화하고 가능하면 오후로 미롭니다. 급해 보이는 일들 중엔 가짜로 급한 일들이 있습니다. 에너지 수준이 급격히 떨어지는 오후 2시부터 5시 사이는 잡일하기 딱 좋은 시간입니다. 성공하는 사람은 반응적인 일에 황금시간대를 내주지 않습니다. 이 사람은 정신이 가장 또렷한 오전 알짜배기 시간을 중요한 일에 쓰고자 의식적으로 노력합니다.

〔중요하지만 급하지 않은 일〕 '오늘' 말고 '내일' 할 거라고 말하는 인생 과업

여기에 강적이 있습니다. 중요하지만 급하지 않다 보니 '내일부터 해야지' 하면서 늘 미루게 되는 일입니다. 긴 호흡으로 공들여야 할 인생 과업인데 이곳이 승부처입니다.

인생의 성공은 당장 발등에 떨어진 중요하고 급한 일이 아니라, 중요하지만 급하지 않은 일을 어떻게 수행하느냐에 따라 결정됩니다. 성공하는 사람이 에너지를 집중하는 일이죠. 배우고 성취하고 사랑하고 돌보며 나답게 인생을 즐기는 일. 바쁘게 살다가도 '뭣이 중헌디?' 라고 묻게 되는 순간 마음을 울리는 주제는 대부분 이런 것들입니다. 크게 세 가지로 나눠 볼 수 있습니다.

'나는 성장하고 있는가?'

'나는 좋은 관계를 맺으며 살고 있는가?'

'나는 몸과 마음이 건강한가?'

성장이 멈춘 정체된 삶만큼 답답하고 두려운 게 있을까요? 지대한 성과로 빌 게이츠처럼 명성을 날린다고 해도 진심으로 축하해 줄 사랑하는 가족, 친구가 없다면 마냥 좋을까요? 몸과 마음의 건강을 잃는다면 워렌 버핏처럼 부자가 된들 무슨 소용이 있나요?

이 세 가지 인생 과업을 내일부터 하겠다고 다짐하면서도 오늘은 작은 시간조차 내주지 않는 인색함. 그 배경에는 습관의 부재가 있습니다. 습관이 없을 때, 인생 과업은 늘 뒷전이 됩니다. 굳이 오늘 하지 않아도 되는 일을 매일 해 내려면 습관적으로 행동하는 수밖엔 없습니다. 아이젠하워는 이런 일을 처리하기 위해서는 '일정을 잡고 지키는 노력이 필요하다' 고 조언했습니다.

성장, 관계, 건강 습관을 어떻게 만들 수 있을까요? 〈5장. 더 이상 미루지 않는 나를 위한 습관 심리학 한입〉에서 방법을 찾을 수 있습니다. 하루 10분 습관도 충분한 의미가 있습니다.

'쓸데없는 짓' 이라는 험악한 별명이 어울릴 만큼 과감한 제거가 필요한 일입니다. 진정한 휴식과는 구별되는 시간 낭비입니다. 휴대폰 끼고 뒹굴기와 같은 시간 죽이기가 대표적입니다. 이러고 나면 머리도 마음도 아픕니다.

제게는 알아 봤자 인생에 보탬이 안 되는 사건들을 들춰보는 취미가 있습니다. 예를 들면, 실리콘밸리 역사상 최대 스캔들의 주인공인 엘리자베스 홈스Elizabeth Holmes(테라노스Theranos의 전 CEO. 몇 방울의 피만으로 질병을 진단할 수 있다고 거짓말을 하고 돌아다녔어요)에 관한 유튜브 영상을 멍하게 이어 보느라 몇 시간을 썼습니다. 「아이, 토냐I, Tonya」라는 영화를 본 후, 가장 유명한 피겨 스케이팅 스캔들이었던 토냐 하딩Tonay Harding의 낸시 캐리건Nancy Kerrigan 폭행 청부 사건을 파헤치느라 반나절을 보낸 적도 있네요. 지금은 기억도 희미하고 남은 게 없습니다.

이런 식의 사건 파헤치기 취미에 연예인 뉴스와 미니멀리즘 영상을 섭렵하느라 쓴 시간을 다 합치면 책을 열 권도 더 쓸 수 있는 어마무시한 시간이 나올지도 모르겠네요.

중요하지도 급하지도 않은 일에 많은 시간을 쓰는 것은 게으른 사람들에게만 해당되는 행동이 아닙니다. 의외로 무척 성실한 사람도 이런 일을 많이 합니다. 혹시나 하는 마음에서 불필요한 일들을 제법 하거든요.

혹시 몰라서 결국 쓰지도 않을 온갖 정보를 다 수집하고, 혹시나 요만큼이라도 더 나은 물건을 사려고 인터넷을 샅샅이 뒤지기도 합니다. 그러다가 '과다 정보로 인한 생각 마비analysis paralysis'가 오기도 하죠. 시간 가성비 제로 인생이라 할 수 있는데 성실해서 더 애처롭습니다.

반성하자면, 저는 여행지를 정할 때 쓸데없이 철저합니다. 올림픽 개최지라도 정할 기세로 달려들어 극상의 신중함을 발휘하곤 하죠. 그 많은 블로그 사진들을 훑고 깨알 같은 후기를 읽다 보면 이런 소리가 절로 나옵니다.

"너 참 개념 없이 열심히 산다! 이럴 시간이 있으면 잠이나 잘 것이지!"

오늘의 생각 포인트

- 중요하고 급한 일은 → 늘 잘해 왔으니 하던 대로!
- 중요하지 않지만 급한 일은 → 최소화하고 대충 대충!
- 중요하지도, 급하지도 않은 일은 → 과감하게 제거!
- 중요하지만 급하지 않은 인생 과업은 → 5~10분 습관으로 만들기!

늘 '내일부터 해야지' 라고 생각한 일이 있다면
오늘부터 하루에 5분씩만 하면 어떨까요?
5분 영어 공부,
사랑하는 이에게 전화해서 5분 통화하기,
5분 운동,
뭐든 대견한 선택입니다.
허망하게 낭비하는 그 많은 시간 중
일부만 인생 과업에 투자해도 성공입니다.

아이젠하워 시간 관리법을 여러분의 삶에 적용해 보세요.
도망간 시간을 되찾을 수 있을 것입니다.

여러분을 응원합니다!

끊임없이 바쁜 것은 일종의 게으름

-내가 늘 바쁜 이유

혹시 여러분이 1년 내내 만성적으로 바쁘다면 한 번쯤 멈춰 서 이 말을 곱씹어 보면 좋겠습니다.

"끊임없이 바쁜 것은 일종의 게으름이다."

이 말을 한 사람은 『The 4-Hour Workweek : 나는 4시간만 일한다』의 저자, 팀 페리스Tim Ferriss입니다. 거친 표현이라는 생각이 듭니다. 죽도록 바쁘게 일하고 있는데 게으르다고 하니 말입니다.

그런데 맞는 말일 수 있습니다. 생각이 게으른 것이라 할 수 있기 때문입니다. 중요한 일과 그렇지 않은 일을 구분하는 생각에 게으른 것이지요. 철학자 헨리 데이빗 소로우Henry David Thoreau는 바쁜 것을 자랑하지 말라고 이야기합니다.

"바쁜 것으로는 충분하지 않답니다. 개미도 바빠요."

우리는 스스로에게 이렇게 질문해야 합니다.

"무엇 때문에 바쁜가?"

여러분이 바쁜 이유는 다음 네 가지 중 무엇인가요?

첫째, 혹시 내가 'Yes 족' 인가? '남들에게 낙인찍히면 어떡하지? 나를 싫어하면 어떡하지?' 이런 걱정에 Yes를 남발하는 것인가요? 그런데 남들이 부탁한 일만 하다가 청춘이 다 가면 어떡하나요?

둘째, 내가 지나친 '호기심 천국' 인가? 호기심이 많은 것은 좋은 점인데, 늘 좋은 것만은 아닙니다. 오만 가지 일이 다 재미있고 신기해서 여기저기 쫓아다니다 보면 아무것도 못할 수 있습니다.

바쁘게
사느라
바쁜 이유를
알 틈이 없이
살다감
바쁘게
살다보니
그 날이
왔음
뭣 때문인지
몰라도 바쁘게
살았음
Good
busy?
Bad
busy?

셋째, 내가 '야욕쟁이' 인가? 야심가와 야욕쟁이는 다릅니다. 야심가는 큰 목표를 세우고 달성하는 데 집중하죠. 야욕쟁이는 '이것도 저것도 내가 다 할 거야' 라며 욕심을 과하게 부립니다. 이런 사람은 열심히 일하지만 무차별적으로 노력하기 때문에 의외로 성과를 내지 못합니다.

넷째, 내가 '따라쟁이' 인가? 남들이 대세라는 분야를 한 번씩 다 기웃거리는 사람입니다. 그러지 않으면 뒤처지는 것 같아 불안합니다. 4차 산업혁명도 이해해야 하고 인공지능도 공부해야 합니다. 이 정도는 기본이니까요. 그런데 구슬이 서 말이어도 꿰어야 보배인데, 자꾸 구슬만 만들고 있네요.

'집중을 거부하는 삶'

이것이 만성적으로 바쁜 사람들의 특징입니다. 그렇다면 어떻게 해야 할까요? 우선 Yes가 아닌 No에 초점을 맞추어야 합니다. No라고 말하고 버려야 할 것이 무엇인지 찾아야 합니다. 스티브 잡스Steve Jobs가 이런 말을 했습니다.

"나는 내가 한 일만큼 어떤 일을 하지 않은 것에 대해서도 자랑스럽다.”

“집중이란 채택할 아이디어에 Yes라고 말하는 것이 아니라, 수백 개의 좋은 아이디어에 No라고 말하는 것이다.”

버릴 것들을 선택하는 작업이 중요합니다. 다음 글에서는 집중하는 삶을 도와주는 ‘Stop Doing List’에 대해 알아보겠습니다.

집중과 인내가 없다면 재능은 아무짝에도 소용없다.

-무라카미 하루키

내가 바쁜 이유는 무엇일까?

현명하게 바빠지고 싶은 나를 위해 스스로 체크해 볼까요?

- ☐ Yes족?
- ☐ 호기심 천국?
- ☐ 야욕쟁이?
- ☐ 따라쟁이?

이 가운데 하나라도 해당되는 것이 있다면

이제 무엇을 버려야 할지 생각해 봅시다.

버려야 얻을 수 있습니다.

오늘도 여러분을 응원합니다.

Stop Doing List

-집중을 위해 내가 버려야 할 일

중요하지 않은 일들을 어떻게 걸러낼 수 있을까요? 우선 다음 장면을 한번 상상해 봅시다.

당신은 내일 아침 두 통의 전화를 받게 됩니다. 첫 번째 전화에서는 이런 이야기를 듣게 됩니다. "당신에게 아무 조건 없이 200억을 주겠소." 두 번째 전화에서 들은 말은 다음과 같습니다. "당신은 불치병에 걸렸소. 앞으로 10년밖에 못 살 것이오." 만약 이게 사실이라면, 돈이 많고 남은 삶이 얼마 남지 않았다면 이제부터 어떤 일에 No라고 말해야 할까요?

이 이야기는 CEO들의 선생님인 경영의 구루, 짐 콜린스Jim

Collins가 늘 자기를 지지해 주던 스탠퍼드 대학 스승, 로쉘 마이어스Rochelle Myers에게 들은 말입니다. 콜린스가 일 중독자처럼 사는 것을 본 마이어스 교수가 쓴소리를 한 것입니다.

> "너는 훈련이 안 되어 있구나. 집중하는 삶이 아니라 그냥 바쁜 삶을 살고 있어. 너의 과도한 에너지 덕분이지. 앞으로 네가 하는 모든 일에 이 질문을 해 봐."

콜린스는 스승으로부터 이 말을 들은 순간이 인생의 전환점이었다고 고백했습니다. 그러고는 집중을 위해 'Stop Doing List'를 만들기 시작했습니다. 그렇다면 우리도 만들어 볼까요?

돈이 많다면, 여생이 얼마 남지 않았다면 어떤 일을 그만둬야 할까요? '아니, 200억이 없으니까 이 괴로운 일을 그만두지 못하는 거 아니겠어? 그리고 너무 오래 살까 봐 그것도 걱정이야. 그러니까 오늘도 일해야 하는 거라고!' 혹시 이런 생각이 드시나요?

현실감 떨어지는 질문이라고 느낄 수 있습니다. 그렇지만 밑

져야 본전이니 한번 가정해 보세요. 우리 모두 돈을 벌기 위해 일하지만 돈만을 위해서 일하는 것은 아닙니다. 100% 돈 때문에 하는 일을 걸러낼 수 있을 것입니다.

여생이 얼마 남지 않았다고 가정하면 어떤 선택을 해야 할지 명확해질 때가 있습니다. 얼마 전 친한 후배가 저에게 새로운 분야를 공부해 볼 것을 제안한 적이 있습니다. 분명 제 경력에 도움이 되는 고마운 조언이었고 한동안 마음이 흔들렸던 것은 사실입니다. 스스로에게 이렇게 질문했지요. '만약 삶이 1년밖에 남지 않았다면, 나는 새로운 공부를 하며 시간을 보내고 싶어 할까?' 답이 바로 나오더군요. 절대로 그러고 싶지 않았습니다. 하지만 심리학 분야의 책을 읽고 글을 쓰고 강의를 하는 지금의 일상은 의심의 여지없이 지속하고 싶은 일이었습니다.

> "삶의 우선순위를 정해 놓지 않는다면 다른 사람이 내 삶의 우선순위를 정할 것이다."

『에센셜리즘Essentialism』의 저자 그렉 맥커운Greg McKeown이 한 이 말을 들으면 정신이 번쩍 듭니다. 시간이 갈수록 세상은 더 복잡해지고 개인에게 더 많은 선택지가 주어지고 있어요. 모든 것을 잘해 내야 한다는 사회적 압력도 커져만 갑니다. 또 그만큼 개인은 다양한 기능을 수행하는 '능력자' 로 진화하고 있습니다. '요즘 사람들' 은 이것저것 그 많은 일들을 다 해냅니다. 그런데 바로 이게 문제인지도 모르겠습니다. 선택지가 많고 능력이 다양하다 보니 정작 자신이 가장 원하는 혹은 가장 잘하는 '오직 한 가지 일' 에 집중하지 못하는 것이지요. 능력의 역습이 아닐까요?

성장을 방해하는 쭉정이들을 쳐내지 않으면 알곡이 제대로 자라나지 못합니다. 잡다한 쭉정이들로부터 소수의 알짜배기를 걸러내는 일은 저절로 되지 않습니다. '작심' 이 필요합니다. 스스로에게 구체적인 질문을 던져 보면 어떨까요?

'지난 3개월 동안 혹은 지난 2주 동안 무슨 일로 바빴나요? 당장 버려야 할 10%의 일은 무엇입니까?'

'가지 않아도 되는 회의는?'

'버리거나 미뤄도 되는 프로젝트는?'

'굳이 배우지 않아도 되는 것은?'

'거절해도 되는 잡일은?'

혹은 사람에 관한 것일 수도 있습니다. 모든 사람을 만족시킬 순 없기 때문입니다. 그렇다면 어떤 사람의 기대에 둔감해지기로 결정해야 할까요?

앞으로 1주일 동안 Stop Doing List를 만들어 보세요. 좋아하지도, 잘하지도, 중요하지도 않은 일을 하고 있는 자신에게 '이제, 버려도 된다' 라고 말해 주는 겁니다. 그렇게 해서 만들어진 시간과 공간에서 가장 나다운 무언가가 탄생합니다.

"내가 집중해야 하는 알짜배기 일은 무엇일까?"

앞으로 이 질문을 습관처럼 하는 자신을 상상해 보십시오. 틀림없이 중요한 일을 더 많이 할 수 있을 것입니다.

오늘도 바쁜가요?
'굿 비지good busy' 인가요, '배드 비지bad busy' 인가요?

To Do List가 아니라 Stop Doing List를 만들어 볼까요?
좋아하지도, 잘하지도, 중요하지도 않은 일을 하고 있다면
아래에 적어 보세요.

나의 Stop Doing List

오바마와 저커버그가 인생에서 제거한 이것

-결정 피로 벗어나기 1

애플 창업자 스티브 잡스, 전 미국 대통령 버락 오바마, 페이스북 창업자 마크 저커버그, 천재 물리학자 알버트 아인슈타인, 패션 디자이너 마이클 코어스. 이 사람들의 공통점은 무엇일까요?

엄청 유명하다는 것 그리고 매일 같은 옷을 입는다는 것입니다. 스티브 잡스는 항상 검은색 터틀넥과 청바지를 입는 것으로 유명했죠. 마크 저커버그는 회색 티셔츠만 입습니다. 버락 오바마가 회색이나 감색 양복만 입는다는 것도 널리 알려진 사실입니다.

알버트 아인슈타인은 회색 정장만 입고 다녔는데 한 가지 특이점은 양말을 생략하고 구두를 신고 다녔다는 것입니다. 마이클 코어스는 검은색 양복만 입습니다. 심지어 이 사람은 패션 디자이너입니다. 왜들 이러는 걸까요?

모두 같은 이유를 댔습니다. 오바마는 이런 말을 했습니다.

> "뭘 입을지, 먹을지 이런 결정은 하고 싶지 않아요. 사소한 일에 방해를 받으면 하루를 잘 보낼 수가 없어요. 간단한 의사 결정을 하느라 에너지를 써 버리면 그 다음 의사 결정을 할 때 능력이 떨어집니다."

대통령직을 수행하면서 매일 중대한 의사 결정을 해야 했던 그가 몸소 체득한 삶의 지혜인 듯합니다.

저는 마이클 코어스가 한 가지 옷만 입는다는 사실이 가장 놀라웠습니다. 여성이 뭘 원하는지 정확하게 간파하는 감각을 지녔다는 평가를 듣는 패션 디자이너예요. 버락 오바마의 부인인 미셸 오바마가 공식 사진을 찍을 때 이 사람이 만든 옷을 입곤 했습니다. 그가 전에 이런 말을 했어요.

"패션은 당신이 누구인지, 어떤 사람이 되고 싶어 하는지 말해 준다."

그에게 옷은 자신의 정체성을 드러내는 강력한 도구입니다. 그런데 '패션 정체성' 운운하는 그가 정작 본인의 옷엔 요만큼의 관심도 두지 않다니요. 심지어 이런 말도 했어요.

"뭘 입을까 고민하느라 많은 시간을 쓰는 것, 제가 정말 싫어하는 일이에요. 나에게 잘 어울리고 편안한 유니폼을 마련해 놓아 시간을 절약할 수 있다면 이것이야말로 인생의 판도를 바꿔 놓는 일이죠."

만약 소비자들이 모두 그처럼 생각한다면 패션 회사들이 줄

줄이 도산할 것입니다.

그런데 이 얄미운 모순이 이해가 됩니다. 자신의 에너지를 멋진 옷을 만드는 일에만 집중하겠다는 의지의 표명이겠죠. 이런 선택에 어떤 과학적 근거가 있는지 '결정 피로decision fatigue' 연구를 통해 소개할까 합니다.

이 연구는 사회심리학의 대가 로이 바우마이스터Roy Baumeister와 칼럼니스트 존 티어니John Tierney가 함께 쓴 『의지력의 재발견』이란 책에 잘 나와 있습니다.

결정 피로의 개념은 바우마이스터의 제자인 심리학자 진 트웽이Jean Twenge가 결혼 준비를 하면서 생각해냈습니다. 미국에서는 결혼을 앞둔 커플이 신혼 생활에 필요한 물품을 목록으로 작성해 지인들에게 알려주는 관습이 있습니다. '이 부부에게 뭐가 필요할까? 이 물건은 이미 마련하지 않았을까?' 이런 지인들의 고민을 효율적으로 해결해주는, 지극히 미국적인 관습입니다.

하지만 이 리스트를 작성하는 예비부부는 의사 결정 과정에서 적잖은 어려움을 경험합니다. 행복한 작업이긴 하지만 평균적으로 100개가 넘는 항목들을 골라서 리스트에 올려야 하니까요. 수건은 어떤 종류, 어떤 색으로 몇 개가 필요할까? 식칼, 토스터 오븐, 커피 그라인더는 어떤 게 좋을까?

트웽이는 어떤 품목을 리스트에 올릴지 웨딩 플래너와 상의하다가 지쳐 갔습니다. 나중에는 '아무거나 다 괜찮아요' 이런 심정이 되고 말았습니다. 그 순간 연구 주제가 떠올랐습니다.

'혹시 뭔가를 결정해야만 하는 것이 내 의지력을 약화시키는 것은 아닐까?'

그는 곧바로 상점으로 달려가 학생들이 관심을 가질 만한 물건들을 잔뜩 산 뒤 바로 실험을 진행했습니다. 책상 위에 물건들을 가득 올려놓고 학생들을 불러 실험이 끝나면 이것들 중 하나를 선택해서 가질 수 있다고 말했습니다. 실험 집단에 속한 학생들은 여러 가지 결정을 해야만 했어요. 펜과 양초 중 어떤 것을 고를 건가요? 바닐라 향이 좋은가요? 아니면 아몬드 향이 더 낫다고 생각하나요? 티셔츠를 원한다면 검은색과 빨간색 중 어떤 것을 선호하나요? 모두 점처럼 작은 소소한 결정입니다.

이와 달리 통제 집단에 속한 학생들은 아무런 결정을 하지 않고 그저 물건들을 둘러보기만 했습니다. 그러고는 두 집단 모두에게 얼음물에 손을 넣고 가능한 한 오래 버티는 과제를 시켰습니다.

매우 간단하고 조금은 유치해 보이는 이 과제는 의지력을 측정하는 많은 심리학 연구들에서 사용된 고전적인 방법입니다. 섭씨 1도의 온도가 유지되는 차가운 물에 손을 팔꿈치까지 담그고 있으려면 당연히 의지력이 필요합니다.

누가 더 빨리 포기했을까요? 자잘한 의사 결정을 해야 했던 학생들은 그럴 필요가 없었던 학생들에 비해 더 빨리 포기했습니다. 의지력이 감소했던 것입니다. 심리학 관점에서 의지력은 아껴서 써야 할 귀중한 자원입니다. 의지력이란 원하는 바를 이루기 위해 방해가 되는 행동을 억제하고 바람직한 행동을 촉진하는 능력입니다. 의지력이 고갈되면 중요한 일에 집중할 수 없는 상태가 됩니다.

이 사람과 결혼할까? 그냥 혼자 살까? 회사를 그만두고 창업을 할까? 아니면 유학을 떠날까? 이 집을 팔고 이사를 갈까?

개인에게 중요한 결정들입니다. 회사의 부당한 처우에 항의할까? 그냥 참을까? 무겁고 불쾌한 결정입니다. 이런 결정을 하는 데 많은 에너지가 투입된다는 것은 모두 잘 압니다.

그런데 이렇게 중요하거나 불쾌한 결정들만 의지력을 갉아먹는 것이 아닙니다. 휴가를 발리로 갈까 아니면 제주도가 더 좋을까? 오늘 점심으로 냉면을 먹을까 아니면 삼계탕이 더 나을까? 김 부장이랑 먹을까 아니면 이 과장과 함께 할까? 유쾌하고 사소한 결정들도 자기를 통제할 수 있는 힘을 고갈시킵니다.

온라인으로 시장을 보고 나면 제법 피곤할 때가 있습니다. 장바구니를 끌고 마트 구석구석을 돌아다닌 것도 아닌데 말이죠. 36롤 2겹 화장지와 24롤 3겹 화장지 중에서 고민하고, 싸게 살 수 있는 묶음 상품과 비싸지만 수납 공간을 차지하지 않는 낱개 상품 중에서 갈등하느라 그런 것 같습니다. 회의 자료를 만들 때도 글꼴의 종류와 크기, 색깔을 고민하느라 더 피곤하기도 합니다. 그래서 언젠가부터 똑같은 물건들을 사고, 똑같은 글꼴을 씁니다.

회사 구내식당에서 주는 대로 먹으면 마음 편할 때가 있습니다. 연희동에 저만의 '구내식당 맛집'이 있습니다. 혼밥 할 때는 무조건 여기만 갑니다. '엄마 식탁'이라는 가정식 음식점이에요. 일단 솜씨 좋은 친구 어머니가 해 주신 집밥 같아서 마음이 푸근합니다. 그리고 편합니다. 결정하지 않아도 되니까요.

오바마나 저커버그처럼 같은 옷을 입고 다니려면 용기가 필요합니다. 똑같은 옷을 입고 다니면서 성과가 별 볼 일 없다면 그저 옷을 갈아입지 않는 사람이 될 테니까요. 그리고 매일 아침 적절하게 자기를 꾸미고 상쾌한 기분을 느끼는 기쁨을 포기할 이유도 없습니다.

'나는 대통령도, CEO도 아닌데 옷 고르는 시간마저 아껴야 하나?' 이렇게 생각할 수도 있습니다. 그런데 우리가 하루에 몇 개의 의사 결정을 하는지를 따져 보면 그로 인한 피로감을 염려하지 않을 수 없습니다.

코넬 대학의 연구에 따르면 음식과 관련한 의사 결정만 해도 매일 200개가 넘는다고 합니다. 이것을 뚝 잘라 10분의 1만 인정해도 20개이니, 일상의 다른 영역들에서 내려지는 선택들을 다 고려하면 쉽게 세 자리 수에 이를 것입니다. 여기에 들어가는 작은 에너지를 다 합치면 태산처럼 클지도 모르겠습니다.

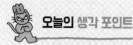

오늘의 생각 포인트

굳이 고민하지 않아도 되는 자잘한 의사 결정들에
온종일 지속적으로 에너지가 투입되고 있다면
좀 억울할 것 같습니다.
차라리 그 시간에 눈을 감고 음악을 듣거나
멍하게 푸른 하늘을 바라보며 한숨 돌리면 어떨까요?
선택의 기로에서 고민하는 자신의 모습을 포착해 보세요.
질문을 던져 보세요.

'이 고민을 꼭 해야 하나?'

중요한 결정이 아니라면
'결정하지 않는 방법'을 찾아보십시오.
내가 아닌 남이 결정해도 되고,
하나의 선택을 반복해도 됩니다.

결정 피로에서 벗어나서 의미 있는 일에 집중하는
여러분의 멋진 모습을 응원합니다.

사소한 일은 사소하게 결정하라

-결정 피로 벗어나기 2

뭘 먹을지, 뭘 입을지 고민하지 않겠다! 좋은 성과를 내는 사람들이 같은 옷만 입는 배경에 결정 피로가 있다고 앞에서 이야기했습니다.

그런데 좀 오버 아니야?, 이런 생각이 듭니다. 먹을 것, 입을 것을 정하는 게 뭐 대단한 일이라고! 그래서 생각해 보았습니다. 예를 들어, 식당을 정할 때 고려해야 할 요소가 무엇인지를요. 놀랍게도 무려 10가지였습니다.

1.가격이 적절한지, 품질이 좋은지 이 두 가지를 동시에 고려해서 가성비를 따집니다. 가성비 분석은 1만 원과 3만 원의 가격

차이만큼 품질 차이가 있는지를 살펴보는 활동으로 고도의 정신 과정이 개입되는 판단입니다.

2. 모임의 성격에 맞는 분위기를 찾아야 합니다. 맛은 최고지만 분식집의 떠들썩한 분위기면 어른을 대접하는 자리엔 맞지 않겠죠. 축하 자리엔 제격이지만 위로의 자리엔 어울리지 않는 장소가 있습니다.
3. 상호성을 고려해야 합니다. 지난번에 잘 얻어먹었으니 이번엔 내가 좋은 식당을 예약해야지! 누가 살 차례인지에 따라 다른 선택을 할 수 있겠지요.
4. 상대의 기호나 상황을 염두에 둬야 합니다. 아, 맞다! 고기를 싫어하던데. 그럼 횟집으로 가야겠다.
5. 우리의 식당 방문 역사도 짚어 봐야 합니다. 지난번에 그 집 갔었잖아. 이번엔 새로운 식당을 찾아보자.
6. 모두의 이동 거리를 공평하게 계산식에 넣습니다. 중간 지점으로 정해야 논란이 없습니다.
7. 주차 가능성을 빼놓을 수 없습니다. 어떤 땐 이게 제일 중요합니다.
8. 식사 후 계획에 따라 장소 선택이 달라지기도 하죠. 커피를 함께 마실 거라면 주변에 카페가 있는지, 몸만 이동하면 되는지,

차도 함께 이동해야 하는지 등을 고려해야 합니다.

9. 인원이 달라지면 처음부터 계획을 다시 해야 합니다. 2명 모임과 10명 모임엔 매우 다른 계획이 필요합니다.
10. 만남의 빈도도 중요합니다. 얼마 전에 봤으면 좀 편한 장소에서 만날 수 있지만 수년 만에 만나는 반가운 얼굴이라면 좀 더 근사한 장소를 예약하고 싶겠죠?

"누구 만나려고 식당을 정하는 게 나는 정말 어려워", 이제 제 친구가 한 말이 이해가 되네요. 무려 10가지 사항을 고려해야 합니다. 만나기도 전에 지치겠어요. 우리 어머니들이 저녁 식사 메뉴를 정할 때 '도대체 오늘은 뭘 먹어야 하나?' 왜 그렇게 고민하는지 이해할 수 있습니다.

식당 정하기, 메뉴 정하기만 이렇게 힘들까요? 다른 일상의 작은 결정들도 비슷할 수 있습니다. 얼핏 보기엔 쉬운 일이지만 상당한 에너지가 투입되는 고도의 정신 과정임을 인정해야 합니다.

별다른 일이 없었는데도 저녁 무렵 유난히 피곤할 때가 있습니다. 어쩌면 사소한 선택들을 연달아 내려야 했던 날인지도 모르겠네요.

그러니까 식당 정하기, 너무 고민하지 말자고요. 좋은 사람 만나서 같이 밥 먹는 것, 이것이 핵심이니 장소가 뭐 그리 대수겠습니까. 새로운 맛집 탐방도 인생의 재미지만 좀 덜 고민하려고 합니다. 그래서 이러기로 했습니다. 5분 안에 결정하기. 답이 나오지 않으면 지난번 그 장소에서 만나기!

사소한 일은 사소하게 결정한다 !

- 제한된 시간 안에 결정하기
- 지난번과 똑같이 하기
- 다른 사람에게 결정해 달라고 하기
- 오바마나 저커버그처럼 결정을 제거하기

오늘도 여러분을 응원합니다!

5장

더 이상 미루지 않는 나를 위한 한입 습관 심리학

습관포기자를 위한 미니습관 30초 룰
-미니습관 시리즈 1

혹시 늘 운동하고 싶었는데 한 번도 성공한 적이 없었나요? 저 역시 마찬가지였습니다. 그런데 저는 요즘 하루에 스쿼트를 60개나 합니다. 제 수준에서는 그야말로 기적이라 할 수 있습니다.

지난 10년 동안 '운동해야 하는데….' 늘 생각만 했습니다. 물론 헬스클럽에 등록한 적도 많습니다. 하지만 돈을 써도 잘 되지 않았습니다. 2~3개월쯤 하다가 아프고, 바쁘고, 여행 가고 그래서 못 하다가, 이러면 안 되지 하면서 다시 시작해봤지만 꾸준히 하는 데는 실패했습니다.

그러던 제가 달라지기 시작했습니다. 스탠퍼드 대학의 BJ 포그BJ Fogg 교수가 제안한 미니습관 '타이니 해비트tiny habits' 덕분입니다. 운동과 도저히 친해질 수 없었던 저한테 이 방법이 먹혔다면 여러분도 그럴 수 있을 것이라 기대합니다.

혹시 하루 5분 영어, 10분 운동, 이런 거 시도해 본 적 있나요? 쉬울 것 같지만 사실 잘 되지 않습니다. 왜냐하면 원래 어렵기 때문입니다. 5분 투자도 과한 욕심일 수 있어요.

거듭된 실패가 과욕이 부른 참사라는 것을 인정하면 달라지기 시작합니다. '쓸데없는 영상을 보느라 몇 시간씩 허비하면서 고작 10분도 운동에 투자하지 못하다니, 한심한 인간!' 이렇게 자신을 비난하지 않거든요.

쓸데없는 영상을 보는 행동은 이미 내 삶에 안정적으로 자리를 틀고 앉은 박힌 돌이고 '10분 운동'은 굴러온 돌입니다. 굴러온 돌이 박힌 돌을 조금이라도 밀어내야 가능한 일이 '10분 운동'입니다.

여기에 아주 중요한 규칙이 있습니다. '30초 룰'입니다. 30

초 안에 끝낼 수 있는 미니습관을 찾는 것입니다. 예를 들어 운동을 하고 싶다면 스쿼트를 1개 또는 2개만 하는 것입니다.

포그 교수가 제시한 예는 치실질 할 때 치아 한 개만 하는 것입니다. 치실질 습관을 만드는 것은 만만한 일이 아니에요. 손가락도 아프고 잇몸에서 피도 나는데 쉬울 리가 있나요. 그러니까 한 번에 한 개만 하는 것입니다.

책을 읽는 습관을 갖고 싶지만 몇 해째 미루고 있나요? 그렇다면 책을 펴서 몇 문장만 읽는 것은 어떨까요? 그것도 힘들면 책을 편 뒤 읽지 말고 바로 덮어도 괜찮습니다.

미니습관을 만들기 위해선 다음 조건이 중요합니다. 노력이 들어가면 안 되고, 30초 이상 걸려도 안 됩니다. 몸이나 마음이 힘들어도 안 됩니다. 하지만 하루에 한 번 이상은 해야 합니다. 미니습관 규칙을 정리하면 이렇습니다.

· 노력 금지
· 30초 초과 금지
· 고통 금지
· 하루에 한 번 이상

요점은 습관으로 만들고 싶은 행동을 잘게 쪼개는 것입니다. 이 법칙은 습관과 관련된 모든 책에 나옵니다. 수많은 시도가 번번이 실패로 끝났다면 행동이 충분히 작지 않았기 때문입니다. 정말 어이가 없을 정도로 타이니, 다시 말해 미니 행동이어야 합니다.

어떤 습관을 갖고 싶은가요? 만약 명상이라면 하루에 20분? 아마 평생 하지 못할 가능성이 많습니다. 명상 호흡 한 번 하기부터 시작하는 것은 어떨까요? 그렇게 해서 어느 세월에 습관이 형성되겠냐고 생각할 수 있습니다.

하지만 명상 호흡 한 번을, 책을 한 번 펼치는 동작을, 치아 한 개를 치실질 하는 행동을 매일 할 수 있다면, 축하 파티를 열어도 됩니다. 이미 절반쯤은 성공했음을 의미하니까요. 나중엔 치아 한 개만 치실질하고 멈추기가 더 힘들 거예요. 매일 책을 펼쳐서 몇 문장만 읽을 수 있다면 곧 한 페이지를 읽고 싶어할 겁니다.

인생에서 꼭 갖고 싶은 습관이 있다면 지금 행동을 쪼개서 미니습관을 시작해 보세요. 시작은 작지만 분명 인생 습관이 될 수 있습니다.

영어
운동
집청소
책읽기
습관 쪼개 쪼개~
잘게 쪼개 쪼개~

'어느 세월에….'

이 마음이 가장 큰 걸림돌입니다.

지금은 분량 증가를 걱정할 때가 아닙니다.

스쿼트 한 개, 문장 한 줄엔 엄청난 힘이 숨어 있습니다.

원하는 미니습관은 무엇인가요?

행동을 작게 쪼개 보세요.

미니습관의 핵심은 '언제 하느냐'이다

-미니습관 시리즈 2

앞에서 말한 스탠퍼드 대학 포그 교수는 하루에 팔굽혀펴기를 80개 정도 한다고 합니다. 처음에는 고작 2개로 시작했습니다. 그렇다면 그는 하루 중 '언제' 팔굽혀펴기를 할까요?

미니습관의 진정한 꿀팁은 바로 '언제'란 단어에 있습니다. 미니습관을 잘 기르려면 행동을 쪼개는 것도 중요하지만 더욱 중대한 결정이 있습니다. 습관 행동을 '언제' 할 것인가!

포그 교수는 화장실에 가서 작은 일을 보고 나면 곧바로 팔굽혀펴기 2개를 했습니다. 이게 무슨 말이야? 혹시 변태 아냐? 저도 처음엔 이런 생각이 들었습니다. 그런데 이 방법을 따라 할수록 습관 연구의 대가다운 현명한 선택임을 깨닫게 되었습니다.

포그 교수의 팔굽혀펴기 속에 두 가지 행동의 연결이 보일 것입니다. '팔굽혀펴기 2개' 라는 미니 행동을 '화장실 사용' 이라는 일상적인 행동에 심은 것입니다. 저는 손을 씻을 때마다 스쿼트 2개를 했습니다. 스쿼트 2개란 미니 행동을 손 씻기 행동에 심은 것입니다.

'심는다' 는 표현을 사용한 이유를 포그 교수는 이렇게 설명했습니다. 습관 형성은 나무를 가꾸는 일과 같다고요. 씨앗을 좋은 흙에 심어야 나무가 잘 자라듯, 미니 행동 씨앗도 좋은 흙에 심어야 습관으로 잘 자랄 수 있습니다.

그렇다면 스쿼트를 심을 수 있는 좋은 흙은 어디일까요? 내가 이미 매일 하는 행동, 예를 들면 손 씻기 같은 기존 습관입니다. 아주 독특한 사람이 아니라면 손을 한 번도 씻지 않고 하루를 보내는 것은 불가능한 일이죠. 이렇게 매일 하는 행동이 '트리거 행동' 으로 적합합니다. 트리거trigger란 방아쇠라는 뜻

갑자기 분위기 스쿼트?
손만 씻으면
스쿼트 생각이 나..
손 씻지 말까..?

으로 방아쇠를 당기면 자동으로 총알이 나가듯이, 트리거 행동은 다른 행동을 자동으로 유발합니다. 손 씻기를 하면 자동으로 스쿼트 2개가 따라오는 것이죠.

제가 이전에 시도했던 방법들은 모두 실패했습니다. 알람 울리면 스쿼트 하기? 알람 맞추는 것을 잊어버립니다. 저녁 식사 후에 하기? 숟가락을 내려놓자마자 스쿼트 동작을 실시한다!, 이럴 작정이 아니라면 좋은 방법이 아닙니다. 이제 곧 운동해야지라고 마음을 먹어도 설거지를 하거나 뉴스를 잠시 시청하다 보면 어느새 깜박하게 됩니다. 그리고 뒤에서 자세히 설명하겠지만 빈도 매치의 문제도 있습니다.

그런데 손 씻기 행동에 단 두 개의 스쿼트를 심었더니 이런 문제들이 사라졌습니다. 잊어버리고 못할 때도 많았지만 괜찮았습니다. 손은 하루에도 여러 번 씻으니까요.

포인트는 연속성입니다. 오늘 스쿼트를 단 한 개라도 했다면 성공입니다. 저는 스쿼트 횟수를 두 개에서 점진적으로 열 개까지 올려 보았습니다. 그러다보니 매일 60개 정도씩 꾸준히 할 수 있었습니다.

만약 어떤 사람이 하루에 손을 두 번밖에 안 씻거나 혹은 스무 번도 넘게 씻는다면 그에게는 손 씻기가 스쿼트를 심을 수 있는 좋은 흙이 아닙니다. 개인의 성향, 처한 상황, 습관의 종류, 빈도에 따라 좋은 흙이 다릅니다.

미니습관을 만들고 싶은가요? 그렇다면 습관을 심을 수 있는 좋은 흙, 즉 내 습관과 궁합이 딱 맞는 트리거 행동부터 찾아야 합니다.

습관의 핵심은 '언제 하느냐'입니다.

'30초 룰'보다 더 중요합니다.

제가 스쿼트 2개를 손 씻기에 심었듯이

여러분의 작은 행동을 기존 행동(트리거 행동)에 심어 보세요.

놀라운 일이 시작될 것입니다.

내 습관과 궁합이 맞는 트리거 찾기

-미니습관 시리즈 3

미니 행동이 습관이 되려면 좋은 흙에 심어야 한다고 했습니다. 그렇다면 좋은 흙, 즉 좋은 트리거 행동은 어떤 것일까요? 아침에 일어나고, 화장실에 가고, 손을 씻고, 물을 마시고, 밥을 먹는 행동처럼 내가 매일 하는 행동들 중에서 찾을 수 있습니다.

여기에 한 가지 중요한 포인트가 있습니다. 포그 교수에 따르면 다음 세 가지 측면에서 트리거 행동과 미니 행동의 궁합이 서로 맞아야 합니다.

첫째는, 빈도 매치입니다. 미니 행동과 빈도가 맞는 트리거 행동을 찾아야 합니다. 예를 들어 치실질 습관을 갖고 싶다면 양치질이 좋은 트리거입니다. 둘 다 하루에 두 번 정도는 하기 때문입니다. 치실질을 손 씻기 행동에 심는 건 적절하지 않습니다. 치실질을 하루에 10번 하면 잇몸이 만신창이가 될 거예요.

저는 명상 습관을 갖고 싶었습니다. 그런데 5분만 해도 너무 지루하고 머릿속이 온통 딴생각으로 가득 찼습니다. 그래서 '명상 호흡 2번'이라는 미니 행동을 '의자에 앉기'라는 트리거 행동에 심었습니다. 자주 하고 싶었기 때문입니다. 의자에 앉자마자 눈을 감은 채 숨을 깊게 들이쉬고 최대한 길게 내쉬었어요. 한 번에 15초 정도 걸리는데 마음이 정말 편안했습니다.

둘째는, 장소 매치입니다. 미니 행동과 같은 장소에서 할 수 있는 트리거 행동을 찾아야 합니다. 치실질은 주로 화장실에서 하죠. 그러니까 치실질에 좋은 트리거 행동은 화장실에서 하는 양치질이 될 것입니다.

만약 독서 습관을 운동에 심으면 어떻게 될까요? 그건 위험합니다. 체육관에서 운동을 마친 후 내 방이나 사무실로 가서 책을 펼치기 전까지 중간에 수많은 방해꾼들이 나타날 수 있기 때문입니다.

마지막으로, 내용 매치를 고려할 수 있습니다. 쓰레기를 내다 버리는 일은 설거지 행동 직후에 하면 어떨까요? 둘 다 정리 행동이니까요. 책을 한 페이지 읽는 행동은 신문을 읽은 다음에 할 수 있겠죠. 둘 다 정보 습득 행동입니다. 물론 매번 정확히 들어맞을 필요는 없습니다. 독서를 지하철 타는 행동에 심을 수도 있습니다. 그러고 보니 치실질과 양치질은 빈도와 장소, 내용면에서 모두 베스트 궁합 커플이네요.

찰떡궁합을 이룰 트리거 행동을 찾기 위해선 다양한 시도가 필요합니다. 제 경우, 처음에 손 씻기에 심었던 스쿼트를 다른 트리거 행동에 옮겨 보았는데 결과는 대만족이었습니다. 세수를 하고 로션을 바르는 행동에 스쿼트를 심었더니 찰떡같이 쩍 달라붙었습니다.

에센스-로션-오일의 3단계 스킨케어 루틴은 제가 매일 하는 행동입니다. 각 단계마다 화장품이 피부에 흡수되기를 기다리는 10여 초 동안 스쿼트를 열 개씩 하니 시간도 적절하게 맞아떨어졌습니다.

요즘엔 아침저녁으로 스쿼트를 30개씩 합니다. 손 씻기도 좋은 트리거였지만 온종일 외부에 있는 날엔 불편한 점이 있었습니다. 공중 화장실에서 스쿼트를 할 만큼 제 낯짝이 두껍지 않았거든요. (몇 번 시도하긴 했습니다^^;)

이제부터는 습관을 위해 알람을 맞추거나 포스트잇을 붙이지 마세요. 세 가지 매치 중 특히 빈도와 장소 매치를 고려해서 내 습관과 찰떡궁합인 트리거 행동을 찾아 보세요. 의자에 앉고, 손을 씻고, 로션을 바르는 일상적 행동들 중에 습관의 방아쇠를 당겨 줄 최적의 트리거를 발견할 수 있습니다.

게을러서, 의지박약이라서
습관 형성에 늘 실패한다고 생각하나요?
그렇지 않습니다.
습관 행동을 자동으로 일으켜 줄
적절한 트리거를 찾지 못한 까닭에
매번 어려움을 겪는 것뿐입니다.

만약, 독서 습관을 갖고 싶다면
나의 생활양식에 안성맞춤인 트리거를 찾으면 됩니다.
어떤 이에게는 출근길 지하철에 오르는 순간이,
다른 이에게는 잠옷으로 갈아입고 침대에 앉는 순간이
오디오북을 플레이하는 최적의 트리거가 될 수 있습니다.

시행착오를 거치더라도 실망하지 마세요.
내 습관에 천생연분인 트리거가 반드시 나타날 것입니다.

여러분을 응원합니다.

습관도 레시피가 필요하다

-미니습관 시리즈 4

트리거 행동을 찾으면 미니습관 레시피를 만들 수 있습니다. 명상 호흡 습관 레시피를 예로 들면 다음과 같습니다.

'나는 의자에 앉은 후, 명상 호흡을 두 번 할 것이다.'

여기서 키워드는 '~한 후' 입니다. 이 앞에 트리거 행동이 오면 됩니다. 제가 요즘 가장 큰 힘을 얻는 미니습관 레시피는 이것입니다.

"나는 아침에 일어난 후 '오늘은 좋은 날이야' 라고 말할 것이다."

오래전부터 저는 제 자신에게 좋은 말을 해 주는 습관을 갖고 싶었지만 매번 잊어버렸습니다. 그런데 이 행동을 아침에 일어나는 순간에 심었습니다. 침대에서 일어서는 순간, 두 손을 위로 쭉 올리며 "오늘은 좋은 날이 될 거야"라고 말하는 것입니다. 오랜 시간 원했던 이 습관을 만드는 데 채 2주도 걸리지 않았습니다.

사실 이 미니습관은 포그 교수의 강연을 듣고 따라한 것입니다. 여러분도 한 번 해 보시기를 권합니다. 2초밖에 걸리지 않는 간단한 행동이지만 기대 이상으로 하루를 지배하는 힘이 있습니다.

미니습관을 실행한 뒤에는 자기 자신을 칭찬해 주는 것도 중요합니다. "잘했어, 좀 괜찮은데" 이렇게 말입니다. 처음에는 좀 쑥스러웠지만 지금은 미니습관을 하고 난 뒤에 제 자신을 가볍게 칭찬해 줍니다. "오케이! 좋았어."

'좋은 날 선언' 습관에 덧붙여 매일 실행하는 아침 습관은 침대 정리입니다. 사회심리학자 로이 바우마이스터Roy Baumeister의 말을 듣고 시작했지요. 아침에 일어나자마자 침대 정리를 하면 자기를 통제하는 능력self-control이 향상됩니다.

그래 봤자 겨우 침대 정리! 이렇게 생각할 수도 있지만, 이것은 하루의 첫 번째 과제입니다. 작은 성공으로 하루를 시작하는 것은 의미 있는 일이에요. 연쇄 효과가 일어납니다. 다음 일도 깔끔하게 잘하고 싶어지기 때문입니다.

"나는 회의실 문을 연 후 '이곳에 있는 사람들을 어떻게 도와줄 수 있을까? 이 방에서 뭔가 좋은 것을 찾아낼 거야' 라고 말할 것이다."

이것은 CEO들의 코치인 브랜든 버처드Brendon Burchard의 미니습관 레시피입니다. 그는 이것을 문틀 트리거door frame trigger라 불렀습니다. 이런 습관 덕분에 그는 정말 좋은 코치가 될 수 있었나 봅니다. 습관 레시피를 계속 만들어 볼까요?

– 나는 상사와 대화한 후, 그가 강조한 것 하나를 기록할 것

이다.

– 나는 출근한 직후, 오늘 가장 중요한 일 한 가지를 떠올릴 것이다.

– 나는 지하철에 탄 후, 영어 문장 하나를 외울 것이다.

– 나는 밥을 먹은 후, 5분 동안 걸을 것이다.

– 매일 잠잘 준비를 마친 후, 책을 한 페이지 읽을 것이다.

미니습관 레시피를 세 개만 만들어 볼까요? 포그 교수의 조언에 따르면 미니습관 세 개를 동시에 실행하는 것이 좋습니다. 내 삶을 장악하는 느낌을 가질 수 있습니다. 세 개의 미니 습관 실행에 들어가는 시간은 다 합쳐도 몇 분이 채 걸리지 않을 때가 많지만 그 힘은 정말 거대합니다.

* '타이니 해비트tiny habits' 방법을 포그 교수가 운영하는 교육 프로그램을 통해 처음 접했을 때, 신세계를 발견한 것 같았습니다. 다행히 최근에 그의 비법이 자세히 소개된 『습관의 디테일 : 위대한 변화를 만드는 사소한 행동 설계』가 출간되었는데 미니 습관을 만들고 싶은 모든 이에게 권하고 싶습니다.

여러분만의 미니습관 레시피를 만들어 보세요.

나는 ________________________ 후,

________________________ 할 것이다.

나는 ________________________ 후,

________________________ 할 것이다.

나는 ________________________ 후,

________________________ 할 것이다.

새해 결심이 망하는 이유

-헛된희망증후군

여러분, 잠시 저와 함께 과거로 되돌아가 볼까요? 한 해가 저물고 새해가 시작될 무렵 '올해는 달라질 거야!' 굳게 결심한 바가 있었나요? 그리고 시간이 흘러 '아, 이번에도 달라진 게 별로 없네' 라고 아쉬워했을 수도 있습니다. 저의 새해 결심은 다음 세 가지였습니다.

책을 더 많이 읽는다.
규칙적으로 운동한다.
좀 더 잔다.

아쉽게도 저는 원하는 수준의 목표를 달성하지 못했습니다. 마음을 다잡고 정말 잘해 보고 싶어서 알아보았습니다. 새해가 되면 늘 뭔가를 결심하지만 작심삼일로 끝나는 이유가 뭘까 하고요.

심리학자 자넷 폴리비Janet Polivy와 피터 허먼Peter Herman은 그 이유를 '헛된희망증후군false hope syndrome'으로 설명했습니다. 자기 변화에 대한 비현실적인 기대를 갖는 현상을 말합니다. 멋진 목표를 세우고, 성공에 대한 기대에 가득차서 변화를 시도하지만 실패를 되풀이하는 이유입니다.

새해가 되면 다들 의욕이 샘솟기 마련입니다. '이번에는 달라!' 그러고는 미래에 대한 소망을 담뿍 담아 야심찬 목표를 세웁니다. 한 달에 책 두 권 읽기(최근 1년 동안 한 권도 읽지 않았음), 하프 마라톤 출전(고등학교 시절 이후로 뛰어본 적 없음), 몸무게 10킬로그램 줄이기(출생 이후, 몸무게가 줄어든 적 없음)에 도전합니다. 이번에는 왠지 될 것 같은 느낌이 들기도 합니다. '열정 뿜뿜' 상태니까요. 멋진 변화를 결심하는 것만으로도 기분이 좋아집니다.

하지만 이런 비현실적인 기대는 역효과를 일으킵니다. 무리

한 계획을 세우면 압박감을 느끼게 됩니다. 한 번, 두 번 실행을 미루게 되고 결국 새해 결심을 잊고 살게 되는 것이지요. 그럼 나는 지금 무엇을 결심해야 할까요? '헛된희망증후군'과 반대로 하면 되지 않을까요? 지금까지 반복적인 실패를 경험했다면 다음 세 가지 규칙을 기억해 주세요.

〔성공 규칙 1〕

미니습관 시리즈에서도 이야기했듯이 아주 작고 구체적인 행동이어야 합니다. 예컨대 제 새해 결심을 수정해 보겠습니다. '규칙적으로 운동한다' 이런 모호한 결심은 실패할 수밖에 없습니다. 그래서 이렇게 바꾸어 보았습니다.

"매일 10분 동안 유튜브 운동 영상을 보면서 운동한다."

눈앞에 그릴 수 있을 만큼 훨씬 더 구체적이라고 할 수 있습니다. 그리고 '작은' 행동입니다. '매일 1시간 운동하기' 이런 결심은 이제 하지 않는 것이 좋습니다. '나는 매일 30초 동안 팔굽혀펴기를 하겠다', 시시해 보이시나요? 실현 가능성이 높은 매우 훌륭한 결심입니다.

〔성공 규칙 2〕

'언제 할지'를 정하는 것입니다. 미니습관 시리즈에서도 지속적으로 강조했지만 이것이 가장 중요한 규칙입니다. 저는 10분 운동을 아무 때나 해서 실패했습니다. 그래서 올해는 꼭 다음과 같이 할 것이라고 다짐했습니다. 작고 구체적인 행동을 언제 하는지 한 문장 안에 다 들어 있다는 것을 알 수 있을 것입니다.

"매일 아침 일어나서 물 한 컵을 마신 후, 10분 동안 유튜브 운동 영상을 보면서 운동한다."

〔성공 규칙 3〕

반복해야 합니다. 아무리 작은 행동도 매일 반복하는 것은 결코 쉽지 않습니다. 그렇지만 큰 행동보다는 성공할 가능성이 매우 높습니다. 언제 할지만 잘 결정하면 됩니다.

연구자들은 이구동성으로 이렇게 조언합니다.

"현실적이며 작은 결심을 하고, 큰 변화보다는 점진적인 변화를 기대하라!"

꼭 이루고 싶은 올해의 결심을 한 가지만 적어 보세요.
올해 말에는 우리 모두 '새해 결심 성공했어'
이렇게 말할 수 있으면 좋겠습니다.

작고 구체적인 행동을 언제 할지
미니습관 레시피를 따라
새해 결심을 한 문장으로 만들어 볼까요?

오늘도 여러분을 응원합니다.

하나 마나 한 새해 결심이란 없다

-당신의 결심은 좀 더 존중받을 자격이 있다

'해가 바뀔 때마다 한 결심이 모두 작심삼일로 끝났는데, 지키지도 못할 결심을 또 해야 하나?'

혹시 이렇게 생각한 적 있나요?

"새해만 되면 뭔가 결심한 사람들 가운데 25%가 1주일 안에 포기한다고 합니다. 그리고 한 달이 지나면 절반 이상이 포기합니다."

연말이 되면 이런 종류의 조사 결과들이 보도 되곤 합니다. '나만 요 모양 요 꼴은 아닌가 봐' 하고 위로를 받기도 하죠. 새해 결심을 지키지 못하는 이유 가운데 하나가 앞에서 이야기한 '헛된희망증후군' 때문입니다. 그렇다면 아예 결심을 하지 말아야 할까요? 그렇지 않습니다. 결심은 그 나름대로 의미가 있습니다. 왜 새해 결심 목록을 만들어야 하는지 알아봅시다.

이런 주제로 가장 많은 연구를 한 사람이 심리학자 존 노크로스John Norcross입니다. 그에 따르면 새해 결심의 성공률은 6개월이 지난 시점에서 46%였습니다. 그런데 원하는 바는 있지만 이를 새해 결심으로 만들지 않은 사람들의 성공률을 살펴보니 같은 시점에 고작 4%에 불과했습니다. 새해에 뭔가를 결심하면 결심하지 않았을 때보다 성공 확률이 11배나 높아진다는 이야기입니다. 그는 이렇게 말했습니다.

"새해 결심이 지닌 힘을 무시하지 마세요. 결심은 좀 더 존중받을 자격이 있습니다. 결심한 많은 사람들이 성공을 경험합니다."

이 연구 결과를 보자 저는 세 가지 생각이 떠올랐습니다. 첫 번째는 새해 결심이 실패할 운명을 타고난 것이 아니라는 사실입니다. 지레 겁먹지 맙시다!

두 번째는 결심하는 사람은 조롱의 대상이 아니라는 것입니다. 실패에도 불구하고 다시 결심하는 것은 아주 의미 있는 일입니다.

마지막으로 그럼에도 불구하고 결심을 지키는 것은 꽤 어려운 일입니다. 노크로스의 연구에서도 33%가 2주 이내에 포기했고, 50% 이상이 한 해의 절반이 지나면 결심을 놓아 버렸기 때문입니다. 그렇다면 어떻게 해야 새해 결심의 성공률을 더 높일 수 있을까요? 한 가지 좋은 소식이 있습니다. 바로 '새 출발 효과fresh start effect' 입니다. 이 효과는 다니엘 핑크Daniel Pink의 저서 『언제 할 것인가』에 자세히 소개되어 있습니다.

펜실베니아 대학 경영대학원 연구팀은 해가 바뀔 때 사람들의 행동이 달라지는 것에 주목했습니다. 8년 반 동안 구글 검색어를 분석한 결과 다이어트를 검색하는 사람의 수가 매년 1월 1일에 82%나 증가한다는 사실을 알아냈습니다. 매주 월요일에도 14%씩 증가했습니다. 또 어느 대학교 체육관 이용 인원을 분석해 본 결과, 새 학기가 시작될 때 47%, 매주 월요일에는 33%가 더 많았다고 합니다. 이것을 새 출발 효과라고 합니다.

우리 마음에는 흘러가는 시간의 경계를 표시해 주는 시간의 랜드마크가 있습니다. 이 경계를 기준으로 새로운 마음의 회계 기간이 시작됩니다. 한 회계 기간이 끝나면 과거의 회계 장부는 창고로 가고, 새 회계 장부가 열리는 것처럼 우리 마음에도 새로운 장부가 열립니다. 덕분에 지난 해, 지난 학기, 지난달, 지난주의 아쉬움을 과거로 떠나보내고 새 출발을 할 수 있는 것이지요. 이런 순간에는 사소한 것에 매몰되지 않고 큰 그림을 볼 수 있는 능력도 올라갑니다.

우리에게는 12개의 새로운 달이 있고, 52개의 새로운 주, 2번의 새 학기와 4번의 새 분기도 있습니다. 그리고 연구에 따르면 생일, 기념일, 첫 출근일처럼 개인적인 의미가 있는 날도 효과적인 시간 랜드마크로 작용합니다. 새해 결심이 흐려질 때마다 시간 랜드마크가 여러분이 목표를 향해 순항할 수 있도록 바람을 일으켜줄 것입니다.

새달이 시작되고 있나요?

한 주가 다시 시작되는 월요일을 맞고 있나요?

첫 번째 기회를 놓쳤다면

두 번째, 세 번째 기회에 다시 시작해 보는 것은 어떨까요?

'새 출발 효과'의 혜택을 누려 보세요.

작지만 의미 있는 전진을 만들 수 있습니다.

조금씩 변화하는 여러분의 멋진 모습이 기대됩니다.

언제나 여러분을 응원합니다!